Das Hausbuch
der Tiergeschichten

Reinhard Michl

Das Hausbuch
der Tiergeschichten

⬤ GERSTENBERG

Das Hausbuch der Tiergeschichten erschien erstmals 2002 unter dem Titel
Wo Fuchs und Hase sich Gute Nacht sagen. Das Hausbuch der Tiergeschichten und -gedichte.

1. Auflage 2012

Textauswahl von Reinhard Michl, Caroline Jacobi und Petra Albers
Copyright © 2002, 2012 Gerstenberg Verlag, Hildesheim
Einbandgestaltung und Layout: Reinhard Michl
Alle Rechte vorbehalten
Satz: Fotosatz Ressemann, Hochstadt
Reproduktion: Fotolito Veneta, S. Martino B. A.
Druck und Bindung: Memminger MedienCentrum
Printed in Germany

www.gerstenberg-verlag.de

ISBN 978-3-8369-5453-2

Inhalt

Von Tieren im Wasser

Von Tieren in der Luft

Von Tieren im Haus und auf dem Hof

Vorwort

Wo Fuchs und Hase sich Gute Nacht sagen – das muss schon ein fabelhafter Ort sein, denn gemeinhin pflegen sich Raubtier und Beute nicht mit Höflichkeiten aufzuhalten. Doch natürlich geht es in Tiergeschichten fabelhaft zu, denn sie sind keine zoologischen Abhandlungen, sondern Geschichten, in denen sich Tierisches und Menschliches auf wundersame Weise vermengt. Tierfabeln gehen zurück auf uralte Zeiten, in denen einzelne Menschen sich mit bestimmten Tieren eins fühlten und im Verhalten anderer Tiere das Wirken der Geister ihrer Mitmenschen oder der Toten am Werk sahen. Dies mythische Denken wurde schon in der Antike abgelöst durch das literarische Spiel mit der absichtlichen Verwechslung von Tier und Mensch, und dieses Spiel ist bis heute in Fabeln, Märchen, Geschichten, in Prosa oder in Gedichten, auch in Comics, lebendig geblieben. Das ist aber nur möglich, weil wir tief in unserem Inneren noch immer davon überzeugt sind, dass der Fuchs listig, der Löwe mutig, der Hase ängstlich, die Schildkröte beharrlich und die Maus frech ist – kurz, dass Tiere menschliche Eigenschaften haben. Und so lange wir uns mit Tieren verständigen, so lange wir mit Katze, Hund und Hamster unsere Gefühle austauschen können, wird uns auch niemand weismachen, dass dies völlig verkehrt ist.

Vor allem Kinder leben noch immer in dem wunderbaren Zwischenreich zwischen Menschen- und Tierwelt, das die Erwachsenen mit der Geschichte der Zivilisation mehr und mehr verlassen haben, und sie werden die dankbarsten Zuhörer sein, wenn aus diesem Buch vorgelesen wird, das fünfzig der schönsten Märchen, Fabeln, Geschichten und Gedichte mit Tieren als Helden versammelt. Sie erzählen von Tieren im Wasser und in der Luft, von Tieren im Feld und auf der Wiese, im Wald und in der Wildnis und von Tieren im Haus und auf dem Hof. Märchen der Gebrüder Grimm, Fabeln von Äsop und La Fontaine treffen mit den Geschichten und Gedichten zeitgenössischer Autoren und Autorinnen zusammen. Die Illustrationen von Reinhard Michl nehmen den Grundgedanken der Sammlung auf – die Aufhebung der Grenzen zwischen Menschlichem und Tierischem – und führen auf ihre eigene Weise ein in die fabelhafte Welt des Fabelhaften.

Von Tieren im Wasser

Ted Hughes
Wie der Wal erschaffen wurde

Der liebe Gott hatte hinter seinem Haus einen kleinen Garten. Darin zog er Karotten, Zwiebeln, Bohnen und was er sonst noch zum Essen brauchte. Es war ein hübscher kleiner Garten. Die Pflanzen standen in sauberen Reihen, und ein ordentlicher Zaun hielt die Tiere fern. Der liebe Gott war sehr zufrieden damit.

Eines Tages, als er bei den Karotten Unkraut jätete, sah er zwischen den Reihen etwas Seltsames. Es war etwa zweieinhalb Zentimeter lang und schwarz. Es sah aus wie eine glänzende, schwarze Bohne. An einem Ende hatte es eine kleine Wurzel, die im Boden verschwand.

»Das ist sonderbar«, sagte der liebe Gott, »ich habe noch nie so etwas gesehen. Was wohl daraus wird?«

Und so ließ er es wachsen.

Als er am nächsten Tag im Garten arbeitete, fiel ihm das kleine, glänzende, schwarze Etwas wieder ein. Er wollte doch wissen, wie es sich machte. Er war erstaunt: Über Nacht hatte es sich verdoppelt. Es war jetzt fünf Zentimeter lang und sah wie ein glänzendes schwarzes Ei aus.

Der liebe Gott ging jeden Tag hin, um es zu betrachten, und jeden Tag war es größer geworden. Tatsächlich war es jeden Morgen genau doppelt so groß wie am Tag zuvor.

Als es 1,60 Meter lang war, sagte der liebe Gott: »Es wird zu groß. Ich muss es herausziehen und kochen.«

Aber er wartete noch einen Tag.

Am nächsten Tag war es 3,20 Meter lang und damit viel zu groß, um in einen der Töpfe des lieben Gottes zu passen.

Der liebe Gott stand davor und kratzte sich am Kopf. Es hatte schon fast alle Karotten unter sich zerdrückt. Wenn es mit dieser Geschwindigkeit weiterwuchs, würde es bald sein Haus umstoßen.

Und während er es so betrachtete, öffnete es plötzlich ein Auge und sah ihn an.

Der liebe Gott war völlig verblüfft.

Das Auge war ziemlich klein und rund. Es befand sich am dicksten Ende, weit von der Wurzel entfernt. Der liebe Gott ging hinüber auf die andere Seite, und dort war noch ein Auge, das ihn auch ansah.

»Na so etwas«, sagte der liebe Gott, »und wie geht es dir?«

Das runde Auge blinzelte, und die glatte glänzende Haut darunter zeigte ein paar leichte Fältchen, als ob das Ding lächelte. Aber da es keinen Mund hatte, war der liebe Gott sich nicht sicher.

Am nächsten Morgen stand der liebe Gott früh auf und ging in seinen Garten.

Und tatsächlich, während der Nacht hatte seine neue schwarze Pflanze mit Augen sich wieder verdoppelt. Sie hatte einen Teil seines Gartenzauns eingedrückt, sodass ihr Kopf in die Straße hinausragte. Ein Auge blickte straßaufwärts, das andere straßabwärts. Ihre Seite drückte gegen die Küchenwand.

Der liebe Gott marschierte ans vordere Ende und sah ihr ins Auge.

»Du bist zu groß«, sagte er streng, »bitte hör auf zu wachsen, bevor du mein Haus eindrückst.«

Zu seiner Überraschung öffnete die Pflanze einen Mund. Einen langen Schlitz von Mund.

»Das kann ich nicht«, sagte der Mund.

Der liebe Gott wusste nicht, was er sagen sollte. Schließlich meinte er: »Na ja, kannst du mir wenigstens sagen, was für ein Geschöpf du eigentlich bist? Weißt du das?«

»Ich«, sagte das Ding, »bin ein Walwurz. Du kennst doch sicher die Schafgarbe und das Löwenmäulchen und die Hundeblume. Nun – ich bin eben ein Walwurz.«

Dagegen war der liebe Gott machtlos.

Am nächsten Morgen reichte der Walwurz quer über die Straße, und mit seiner Seite hatte er die Küchenwand nach innen gedrückt. Er war jetzt länger und dicker als ein Bus.

Als der liebe Gott das sah, rief er alle Geschöpfe zusammen. »Hier ist ein merkwürdiges Ding«, sagte er. »Seht es euch an. Was sollen wir damit machen?«

Die Geschöpfe gingen um den Walwurz herum und betrachteten ihn. Seine Haut war so glatt und glänzend, dass sie sich darin spiegeln konnten.

»Lasst ihn doch in Ruhe«, schlug der Strauß vor, »und wartet, bis er ausgewachsen ist.«

»Aber vielleicht wächst er immer weiter«, meinte der liebe Gott, »bis er die ganze Erde bedeckt. Dann müssten wir auf seinem Rücken leben. Stell dir das bitte mal vor!«

»Ich schlage vor«, sagte die Maus, »dass wir ihn ins Meer werfen.«

Der liebe Gott überlegte.

»Nein«, sagte er schließlich, »das wäre zu hart. Wir wollen noch ein paar Tage abwarten.«

Nach drei weiteren Tagen war das Haus des lieben Gottes platt wie ein Stück Papier, und Walwurz war so lang wie eine Straße.

»Jetzt ist es zu spät, um ihn ins Meer zu werfen«, sagte die Maus. »Walwurz ist zu groß, wir können ihn nicht mehr bewegen.«

Aber der liebe Gott legte dicke Seile um Walwurz und forderte alle Geschöpfe auf, beim Abschleppen mit anzupacken.

»He!«, rief Walwurz. »Lasst mich in Ruhe.«

»Du kommst ins Meer!«, rief die Maus. »Und das geschieht dir recht! So viel Platz zu beanspruchen ...«

»Aber ich bin hier glücklich!«, rief Walwurz. »Ich liege gern hier herum. Geht weg und lasst mich schlafen. Ich bin so gebaut, ich muss liegen und schlafen.«

»Ins Meer mit dir!«, rief die Maus.

»Nein!«, rief Walwurz.

»Ins Meer!«, riefen alle Geschöpfe. Und sie zogen an den Seilen.

Mit einem lauten Ächzen löste Walwurz' Wurzel sich aus dem Boden. Er schlug damit um sich und warf Häuser und Bäume um, während die Geschöpfe ihn, ob er wollte oder nicht, über Land zerrten.

Schließlich schleppten sie ihn auf eine hohe Klippe. Dann rollten sie ihn unter großem Geschrei über den Rand ins Meer.

»Hilfe! Hilfe!«, schrie Walwurz. »Ich werde ertrinken! Bitte lasst mich wieder an Land, wo ich schlafen kann.«

»Erst wenn du kleiner bist!«, rief der liebe Gott. »Dann kannst du zurückkommen.«

»Aber wie soll ich denn kleiner werden?«, weinte Walwurz, während er im Meer hin und her rollte. »Bitte zeig mir, wie ich kleiner werde, damit ich an Land leben kann.«

Der liebe Gott beugte sich hinunter und tippte Walwurz mit dem Finger auf den Kopf.

»Au!«, schrie Walwurz. »Was soll denn das? Du hast ein Loch gebohrt. Da wird Wasser hereinlaufen!«

»Nein, wird es nicht«, sagte der liebe Gott, »dort wird Luft herauskommen. Du kannst gleich anfangen, etwas abzulassen.«

Walwurz blies, und ein hoher Gischtstrahl schoss aus dem Loch.

»Immer weiterblasen«, sagte der liebe Gott.

Walwurz blies und blies. Schon bald war er ein ganzes Stück kleiner. Während er schrumpfte, überzog sich seine Haut, die so fest und glänzend war, mit winzigen Falten.

Schließlich sagte der liebe Gott: »Wenn du so klein wie eine Gurke bist, ruf mich. Dann kannst du wieder in meinen Garten kommen. Aber bis dahin musst du im Meer bleiben.« Und der liebe Gott ging mit all seinen Geschöpfen davon. Walwurz ließen sie im Meer zurück. Bald war Walwurz nur noch so groß wie ein Bus. Aber das Blasen war anstrengend und der Gedanke an ein Schläfchen sehr verlockend. Er atmete tief ein und ließ sich auf den Grund sinken, um zu schlafen. Den Schlaf liebte er einfach über alles.

Als er aufwachte, brüllte er vor Schreck. Während er geschlafen hatte, war er wieder so lang wie eine Straße und so dick wie ein Schiff mit zwei Schornsteinen geworden.

So schnell wie möglich stieg er wieder zur Oberfläche empor und begann zu blasen. Bald hatte er nur noch die Größe eines Lastwagens. Aber gleichzeitig war er auch wieder sehr schläfrig. Er holte tief Luft und ließ sich auf den Meeresboden sinken.

Als er aufwachte, war er wieder so lang wie eine Straße.

Und so ging es immer weiter.

Genauso schnell, wie Walwurz beim Blasen schrumpft, wächst er beim Schlafen wieder. Manchmal, wenn er sich besonders stark fühlt, schafft er es, bis auf die Größe eines Autos hinunterzukommen. Aber bevor es ihm gelingt, die Größe einer Gurke zu erreichen, fällt ihm immer ein, wie schön so ein Schläfchen ist. Wenn er dann aufwacht, ist er wieder gewachsen.

Er sehnt sich danach, wieder an Land zu kommen und in der Sonne zu schlafen, seine Wurzel tief in der Erde. Stattdessen muss er im wilden Meer herumrollen und blasen. Und bis er wieder an Land kommen darf, nennen ihn die Geschöpfe einfach nur Wal.

Der Kabeljau

Das Meer ist weit, das Meer ist blau,
im Wasser schwimmt ein Kabeljau.
Da kömmt ein Hai von ungefähr,
ich glaub von links, ich weiß nicht mehr,
verschluckt den Fisch mit Haut und Haar,
das ist zwar traurig, aber wahr. –
Das Meer ist weit, das Meer ist blau,
im Wasser schwimmt kein Kabeljau.

Heinz Erhardt

Kleines Gedicht für große Stotterer

Ein Fischge, Fisch, ein Fefefefefischgerippe
Lag auf der auf, lag auf der Klippe.
Wie kam es, kam, wie kam, wie kam es
Dahin, dahin, dahin?

Das Meer hat Meer, das Meer, das hat es
Dahin, dahin, dahingespület,
Da lllliegt es, liegt, da lllliegt, llliegt es
Sehr gut, sogar sehr gut!

Da kam ein Fisch, ein Fefefefisch, ein Fefefefefe-fefefefefe-
    (schriller Pfiff) feFe feFe feFe feFefischer,
Der frischte, fischte frische Fische.
Der nahm es, nahm, der nahm, der nahm es
Hinweg, der nahm es weg.

Nun lllliegt die, liegt, nun llliegt die Klippe
Ganz o o o ohne Fischge Fischgerippe
Im weiten, weit, im We Weltenmeere
So nackt, so fufu furchtbar nackt.

Kurt Schwitters

Alfred Wellm
Der Affe und das Krokodil

Einmal, so wird erzählt, war ein Affenkind mit einem jungen Krokodil befreundet. Sie trafen sich unter den Bäumen am Fluss und spielten miteinander. Eines Tages aber sah dies die Großmutter des jungen Krokodils. »Mit wem spielst du dort immerzu?«, fragte sie ihren Enkel.

»Mit meinem Freund, dem Affenkind«, antwortete das junge Krokodil. »Ach«, sagte die Großmutter, »diese Freundschaft solltest du nutzen. Sieh nur, ich bin schon alt und schwach und werde nicht mehr lange leben; nur eines könnte mich vor meinem Tode retten: das Herz des Affenkindes. Denn es heißt seit alters, wer ein Affenherz verzehrt, wird wieder jung und fängt von vorne an zu leben. Geh hin und überliste deinen Freund und bringe mir sein junges Herz.« Da die Großmutter weinte und immer wieder darum bat, versprach das Krokodil, ihr ihren Wunsch am nächsten Tage zu erfüllen.

Und als am anderen Morgen das Affenkind wieder zum Ufer kam, sagte das junge Krokodil: »Lass uns heute hinausschwimmen, damit wir auf den Sandbänken des Flusses spielen können.«

»Aber ich kann nicht schwimmen«, erwiderte das Affenkind.

»Dann werde ich es dich lehren«, sagte das junge Krokodil. »Setz dich nur auf meinen Rücken und sieh zu, wie ich es mache.«

Das Affenkind kam vom Baum herunter, setzte sich rittlings auf das Krokodil, und dann schwammen sie hinaus. Das Affenkind hatte jedoch eine große Angst vor dem Wasser, und als sie an den Sandbänken vorbeischwammen, fragte es: »Wohin bringst du mich? Wohin bringst du mich?«

»Halte dich nur fest«, sagte das junge Krokodil, »wir schwimmen noch ein Stückchen weiter, damit du siehst, wie ich es mache.«

Aber es wurde dem Affenkind unheimlich, und es fragte immer wieder: »Wohin bringst du mich? Wohin bringst du mich?«

Als sie die Mitte des Flusses erreicht hatten, sagte das junge Krokodil: »Ich muss dir etwas gestehen, lieber Freund. Meine Großmutter ist schon sehr alt und wird bald sterben; retten kann sie sich nur, wenn sie dein Affenherz verzehrt.«

Da rief das Affenkind: »Warum hast du das nicht gleich gesagt, denn ich hab mein Herz im Baum vergessen, der am Ufer steht. Lass uns zurückschwimmen, damit ich hinaufklettere und es hole.«

Hieraufhin wendete das Krokodil, und als sie das Ufer erreichten, kletterte das Affenkind geschwind auf einen Baum.

»Was bist du doch dumm«, rief es, »hast du schon je gehört, dass man sein Herz vergisst! Weißt du nicht, dass man es immer bei sich trägt, auch wenn es ein so dummes Herz ist wie das deine? Schwimm nur zurück und erzähle das deiner Großmutter!«

Ein Märchen aus Namibia, Afrika

An einem Teiche
Schlich eine Schleiche,
Eine Blindschleiche sogar.
Da trieb ein Etwas ans Ufer im Wind.
Die Schleiche sah nicht, was es war,
Denn sie war blind.
Das dunkle Etwas aber war die Kindsleiche
Einer Blindschleiche.

Joachim Ringelnatz

Die Frösche

Ein großer Teich war zugefroren,
Die Fröschlein, in der Tiefe verloren,
Durften nicht ferner quaken noch springen,
Versprachen sich aber, im halben Traum,
Fänden sie nur da oben Raum,
Wie Nachtigallen wollten sie singen.
Der Tauwind kam, das Eis zerschmolz,
Nun ruderten sie und landeten stolz,
Und saßen am Ufer weit und breit
Und quakten wie vor alter Zeit.

Johann Wolfgang Goethe

W. M. Garschin
Der Frosch macht eine Reise

Es war einmal ein Frosch, ein Quakemann, der saß im Sumpf, fing Fliegen und Mücken, und wenn es Frühling wurde, quakte er mit seinen Freunden laut im Chor. Und er hätte sein ganzes Leben in Friede und Freude verbracht – selbstverständlich, wenn ihn nicht ein Storch gefressen hätte –, aber da ereignete sich folgende Geschichte.

Einmal saß er auf dem Ast eines aus dem Wasser ragenden Baumstumpfs und ergötzte sich an einem warmen, feinen Regen. Ach, ist das heute ein prächtiges feuchtes Wetter!, dachte er. Welch Vergnügen ist es, auf Erden zu leben!

Der Regen troff über seinen bunten lackierten Rücken. Die Tropfen rannen ihm unter den Bauch und hinter die Pfoten. Es war begeisternd angenehm; so angenehm, dass er beinahe gequakt hätte. Zum Glück besann er sich noch rechtzeitig, dass es schon Herbst war und die Frösche im Herbst nicht quaken – dafür ist der Frühling da! – und dass seine ganze Froschwürde dahin sein konnte, wenn er jetzt quakte. Darum schwieg er fein still und ließ sich's weiter wohl sein.

Plötzlich erklang ein feiner, pfeifender, abgerissener Ton in der Luft. Es gibt so eine Art Enten: Wenn sie fliegen, dann verursachen ihre die Luft schneidenden Flügel ein gleichsam singendes oder besser gesagt pfeifendes Geräusch. »Füj – füj – füj – füj –«, ertönt es in der Luft, wenn hoch über euch so ein Schwarm Enten dahinfliegt, und oft fliegen sie in solcher Höhe, dass man sie nicht mal sieht. Diesmal ließen sich die Enten jedoch nieder, nachdem sie einen riesigen Halbkreis gezogen hatten, und landeten genau in dem Sumpf, wo der Frosch hauste. »Krah, krah!«, sagte eine von ihnen. »Haben noch weit zu fliegen, müssen etwas essen.«

Der Frosch versteckte sich augenblicklich. Er wusste zwar, ihn, den großen fetten Quakemann, würden die Enten nicht fressen, aber trotzdem tauchte er auf jeden Fall unter den Baumstumpf. Nachdem er eine Weile überlegt hatte, entschloss er sich jedoch, seinen glotzäugigen Kopf aus dem Wasser herauszustrecken: Der Frosch war gar zu neugierig und wollte erfahren, wohin die Enten flögen.

»Krah, krah!«, sagte eine zweite Ente. »Wird schon kalt! Rasch gen Süden!«

Und alle Enten riefen zum Zeichen der Zustimmung ein lautes Krah.

»Meine Damen Enten!«, erkühnte sich der Frosch zu fragen. »Was ist das für ein Süden, wohin Sie fliegen? Bitte um Entschuldigung wegen der Störung.«

Die Enten umringten den Frosch. Zuerst erhob sich in ihnen der Wunsch, ihn zu verspeisen, doch dann überlegten sie, dass der Frosch zu groß sei und nicht durch die Gurgel rutschen werde. Darauf begannen sie alle flügelschlagend zu schnattern: »Schön ist's im Süden! Dort ist's jetzt warm. Dort gibt es so herrlich warme Sümpfe. Was da für Würmer sind! Schön ist's im Süden!«

Der Frosch wurde von ihrem lauten Geschrei fast betäubt. Nur mit Mühe gelang es ihm, sie zum Schweigen zu bringen. Nun fragte er eine, die ihm die dickste und klügste zu sein schien, und bat sie, ihm zu erklären, was Süden sei. Und als diese ihm vom Süden Genaueres berichtete, geriet der Frosch in Entzücken, fragte jedoch zum Schluss aus Vorsicht noch einmal: »Es gibt also wirklich viele Mücken und Fliegen dort?«

»Oh, ganze Wolken!«, antwortete die Ente.

»Quak!«, machte der Frosch und wandte sich gleichzeitig zurück, um zu sehen, ob keiner seiner Freunde in der Nähe sei, der ihn womöglich hätte hören können und wegen des Quakens im Herbst zur Rechenschaft gezogen hätte.

Er konnte sich kaum zurückhalten, noch mal zu quaken: »Nehmt mich mit!«

»Ich wundere mich über dich!«, rief die Ente. »Wie sollen wir dich mitnehmen? Du hast doch keine Flügel.«

»Wann fliegt ihr ab?«, fragte der Frosch.

»Bald, bald!«, schrien alle Enten. »Krah, krah! Hier ist's kalt! Gen Süden!«

»Vielleicht darf ich mit Ihrer gütigen Erlaubnis nur fünf Minuten lang etwas nachdenken«, sagte der Frosch. »Ich komme gleich wieder. Sicher fällt mir etwas Gutes ein.« Und er plumpste von dem Ast, auf den er wieder hinaufgekrochen war, ins Wasser, tauchte in den Schlamm und grub sich völlig darin ein, damit ihn nichts Fremdes beim Nachdenken störe.

Fünf Minuten waren vergangen. Die Enten saßen startbereit dicht beisammen. Plötzlich kam neben dem Ast, auf dem der Frosch gesessen hatte, sein Maulgesicht aus dem Wasser zum Vorschein, und der Ausdruck dieses Gesichts war so leuchtend, wie es nur ein Frosch fertig bringt.

»Ich habe nachgedacht! Ich hab's!«, sagte er. »Zwei von Ihnen nehmen eine Gerte in den Schnabel, und ich klammere mich in der Mitte fest. Sie werden fliegen und ich fahren. Es ist nur nötig, dass Sie nicht krah schreien und ich nicht quake, dann wird alles vorzüglich gehen.«

Obgleich es bei Gott kein Vergnügen ist, einen auch noch so leichten Frosch dreitausend Meilen weit schweigend dahinzuschleppen, waren die Enten von der Klugheit des Frosches so begeistert, dass sie einstimmig bereit waren, ihn zu tragen. Sie beschlossen, sich alle zwei Stunden abzuwechseln, und da der Enten, wie es im Rätsel heißt, so viele waren und noch einmal so viele und noch halb Mal so viele und ein Viertel Mal so viele, während der Frosch ein einziger war, so hatte jede Ente keinen besonders großen Anteil am Tragen. Man fand eine gute, feste Gerte, zwei Enten nahmen sie in den Schnabel, der Frosch klammerte sich mit dem Maul in der Mitte fest, und der ganze Schwarm erhob sich in die Luft. Infolge der schrecklichen Höhe, in die er emporgetragen wurde, verschlug es dem Frosch den Atem. Außerdem flogen die Enten nicht gleichmäßig und zerrten die Gerte hin und her. Der arme Quakefrosch pendelte in der Luft wie ein Hampelmann aus Papier und presste mit aller Kraft seine Kiefer zusammen, um nicht losgerissen zu werden und auf der Erde zu zerschellen.

Bald gewöhnte er sich jedoch an seine Lage und begann sogar um sich zu schauen. Felder, Auen, Flüsse und Berge zogen schnell unter ihm vorbei. Es fiel ihm jedoch recht schwer, sie zu betrachten, denn da er an der Gerte hing, schaute er nach hinten und etwas in die Höhe. Aber das eine oder andere sah er trotzdem, und er freute sich und war riesig stolz.

»Schau einer an, wie prachtvoll ich das ausgedacht habe!«, überlegte er.

Die Enten flogen dem vorderen Paar, das den Frosch trug, nach, schrien und lobten ihn. »Ein erstaunlich kluger Kopf, unser Frosch!«, sagten sie. »Sogar unter Enten findet man wenig solche.«

Der Frosch hielt sich nur mit Mühe zurück, ihnen zu danken. Da er sich jedoch erinnerte, dass er beim Öffnen des Mauls aus der fürchterlichen Höhe herabstürzen würde, biss er die Kinnladen noch fester aufeinander und beschloss geduldig auszuharren. So schaukelte er den ganzen Tag hin und her. Die Enten, die ihn trugen, lösten sich im Fluge ab, indem sie behend nach der Gerte schnappten. Ein schrecklicher Augenblick! Mehr als einmal hätte der Frosch beinahe vor Angst gequakt, aber man musste Geistesgegenwart besitzen, und er besaß sie!

Abends ließ sich die ganze Gesellschaft auf einem Sumpf nieder. Im Morgengrauen machten sich die Enten mit dem Frosch wieder auf den Weg. Diesmal klammerte sich der Reisende, um besser sehen zu können, was unterwegs vor sich ging, so an, dass Kopf und Rücken nach vorn, der Bauch rückwärts gewandt war.

Die Enten flogen über abgemähte Felder dahin, über gelb werdende Wälder und über Dörfer, deren Scheunen voll Getreide waren. Man hörte die Stimmen der Menschen und das Gehämmer der Flegel, mit denen sie das Korn droschen, von unten heraufklingen. Die Menschen schauten auf den Entenschwarm und zeigten mit den Händen nach ihm, da sie etwas Seltsames an ihm bemerkten. Der Frosch hatte mächtige Lust, niedriger über der Erde zu fliegen, sich zu zeigen und zu hören, was man über ihn spräche.

Bei der folgenden Rast sagte er: »Müssen wir denn unbedingt so hoch fliegen? Die Höhe macht mich ganz wirbelig im Kopfe. Ich fürchte, dass mir plötzlich einmal übel wird und ich hinunterfalle.«

Die guten Enten versprachen, niedriger zu fliegen.

Tags darauf flogen sie so niedrig, dass man die Stimmen vernahm: »Seht doch, seht doch!«, schrien Kinder in einem Dorf. »Die Enten tragen einen Frosch!« Der Frosch vernahm es. Das Herz hüpfte ihm.

»Seht doch, seht doch!«, riefen in einem anderen Dorfe die Erwachsenen. »Das grenzt ja an ein Wunder!«

Ob sie wissen, dass ich das ausgedacht habe, und nicht die Enten?, dachte der Quakemann.

»Schau nur einer an, schau nur einer an!«, riefen die Leute in einem dritten Dorf. »Das reine Wunder! Wer mag nur eine so schlaue Sache ausgedacht haben?«

Da hielt es der Frosch nicht mehr aus. Er vergaß jede Vorsicht und schrie aus Leibeskräften: »Ich! Ich bin's gewesen!« Und mit diesem Ruf stürzte er kopfüber zur Erde hinab. Die Enten stießen laute Schreie aus. Eine wollte den armen Reisegefährten im Fluge erhaschen, verfehlte ihn jedoch. Mit allen vier Beinen strampelnd, näherte sich der Frosch rasch der Erde. Da die Enten jedoch sehr

schnell geflogen waren, fiel er nicht direkt auf
die Stelle, über welcher er seinen Ruf ausge-
stoßen hatte und wo ein hartgefahrener Weg
lief, sondern viel weiter entfernt nieder.
Das war ein großes Glück für ihn, denn
er plumpste in den Schlammteich am
Rande des Dorfes. Schnell tauchte er
aus dem Wasser wieder auf und rief sogleich wieder voller Eifer und so laut er konnte:
»Ich bin's gewesen! Ich habe es ausgedacht!«

Doch weit und breit war niemand zu
sehen. Die im Teich heimischen Frösche hatte der unerwartete
Plumps so erschreckt, dass sie sich alle im Wasser versteckt hatten.
Als sie wieder zum Vorschein zu kommen begannen, betrachteten sie den Neuen verwundert.

Und er erzählte ihnen die wunderbare Geschichte, wie er sein Leben lang
nachgedacht und schließlich das neue Mittel der Beförderung durch die Enten
erfunden habe, wie er seine eigenen Enten besessen habe, die ihn trugen, wohin
es ihm gefiel; wie er im wunderschönen Süden geweilt habe, wo es so schön,
so schön sei, wo es so herrliche, warme Sümpfe und so viele Fliegen und alle
anderen essbaren Insekten gebe.

»Jetzt bin ich gekommen, um mal nachzuschauen, wie ihr lebt«, sagte er.
»Ich werde bis zum Frühjahr bei euch bleiben. Dann kommen meine Enten
zurück, die ich inzwischen entlassen habe.«

Aber die Enten kehrten niemals wieder. Sie dachten, der Quakemann sei am
Boden zerschellt, und bedauerten ihn sehr.

Von Tieren in der Luft

Wie der Zaunkönig für eine halbe Stunde
der König der Vögel wurde

Eines Tages beschlossen die Vögel in ganz Wales, sie brauchten einen König, und deshalb versammelten sie sich an einem schönen Herbstnachmittag am Abhang eines Hügels, um darüber zu beratschlagen. Eine solche Versammlung von gefiedertem Volk hatte die Welt in der Tat noch nicht gesehen. Sie waren aus dem Gebirge im Norden gekommen und von der Atlantikküste im Westen und von der englischen Grenze im Osten und von der Kanalküste im Süden, große Vögel und mittelgroße und kleine, und ganz winzige, und solch ein Zwitschern und Pfeifen und Trillern und Schnattern, wie es da gab, das kann man sich überhaupt nicht vorstellen.

»Wie sollen wir unseren König eigentlich wählen?«, fragte eine dicke kleine Ente ihren Nachbarn.

»Durch Abstimmung, schätze ich«, erwiderte die Drossel, nickte heftig mit dem Kopf und bemühte sich dabei, einen Regenwurm aus der Erde zu ziehen.

»Ein ziemlich schwieriges Geschäft«, meinte der Specht, »da gibt es so viele, die man wählen könnte. Das Vernünftigste wäre, ihr krönt mich zum König ohne Abstimmung, das erspart uns eine Menge Verdruss.«

»Was für eine alberne Idee«, erwiderte die Bachstelze. »Du bist ja vielleicht eingebildet!«

»Unser König muss der Vogel werden, der am höchsten fliegen kann«, schlug der Kuckuck vor, ein vernünftiger und zuverlässiger Bursche, der wusste, dass er sowieso keine Aussicht hatte, gewählt zu werden.

»Sehr richtig, sehr richtig«, stimmte die Lerche zu, die diese Idee natürlich ganz vorzüglich fand, weil sie ja sehr hoch steigen kann. Und es gab ein allgemeines Gemurmel der Zustimmung, nur die Gänse und die Enten und die Hühner waren dagegen, weil es ja mit ihren Flugkünsten nicht sonderlich gut bestellt ist. Aber sie wurden überstimmt. Und zwar ereiferte sich der kleine Zaunkönig am heftigsten für den Vorschlag des Kuckucks.

»Ich begreife gar nicht, warum gerade du von dieser Idee so begeistert bist«, wunderte sich der Adler. »Du kannst doch sowieso nicht so hoch fliegen wie andere Vögel!«

»Wie du zum Beispiel?«, fragte der Zaunkönig.

»Wie ich zum Beispiel«, bestätigte stolz der Adler. »Denn ich bin stark und habe große Flügel, ganz abgesehen davon, dass ich im Gebirge lebe und jeden Tag in sehr großen Höhen fliegen muss.«

»Na, das werden wir ja sehen«, meinte der Zaunkönig.

Die Prüfung begann denn auch sofort. Ohne dass es jemand bemerkte, hopste der Zaunkönig, als sie alle losflogen, dem Adler auf den Rücken, und er war so federleicht, dass ihn der kräftige Adler überhaupt nicht spürte.

Hinauf ging's in die Lüfte, immer höher, und ein Vogel nach dem anderen gab auf und flog erschöpft zur Erde zurück. Nur der Falke, die Lerche und der Adler stiegen immer noch weiter. Zuerst fiel der Falke aus und kehrte um, und bald darauf folgte ihm die Lerche, und allein der Adler flog noch immer höher.

»Der Adler ist König«, riefen die Vögel, »der Adler ist König!« Und sie waren sehr zufrieden, denn der Adler sah aus, wie ein König eben aussehen muss, er bewegte sich auch mit der richtigen Würde, und alle Vögel konnten stolz auf ihn sein.

Auch der Adler war inzwischen erschöpft von der gewaltigen Anstrengung, und da er nun sowieso gewonnen hatte, stieg er nicht weiter, sondern drehte langsam um und flog wieder nach unten. In diesem Augenblick hopste der Zaunkönig vom Rücken des Adlers herunter, war frisch und voller Energie, weil er sich ja bisher noch gar nicht hatte anstrengen müssen, und nun stieg er ohne sonderliche Mühe noch ein paar Meter höher, als der Adler gewesen war. Der Adler, wie er den Zaunkönig sah, wollte voller Zorn zwar nochmals umdrehen und wieder aufsteigen, aber er war zu müde, und so flogen sie nun alle beide zurück zur Erde. Kaum waren sie auf dem Rasen gelandet, da warf sich der betrogene Adler auf den Zaunkönig und wollte ihm die Federn rupfen. Aber der hüpfte zwischen den scharfen Klauen des Adlers hindurch und schrie: »Ich war am höchsten, ich war am höchsten! Und ich bin jetzt euer König!«

Die anderen Vögel schauten sich betroffen an. Es stimmte ja, der Zaunkönig war höher geflogen als der Adler, wenn auch durch einen Trick. Aber wie konnten sie sich denn von einem so winzigen und unscheinbaren Frechdachs regieren lassen – nicht mal eine gute Stimme hatte er! Es war eine schrecklich peinliche Situation.

»Unser neuer König muss sterben«, verkündete der Uhu.

»Jawohl«, schnatterten sie alle, »er muss sterben, weil er uns betrogen hat.«

Der Zaunkönig bekam einen gehörigen Schreck, als er hörte, was seine Untertanen mit ihm vorhatten, und er dachte sich, es wäre wohl besser, wenn er schleunigst versuchte, sie wieder friedlich zu stimmen.

»Freunde«, rief er, »tut mir leid, dass ich euch geärgert habe. Ehrlich gesagt, ich wollte ja eigentlich gar nicht König werden, ich wollte nur dem stolzen Herrn Adler zeigen, der mich so von oben herab behandelt hat, dass ich nicht dumm bin, wenn ich auch nicht so stark bin wie er. Aber der Adler ist ja wirklich viel besser zum König geeignet als ich, und deshalb trete ich von meinem Amt zurück und überlasse meinen Königsthron dem Adler.«

Das fanden alle Vögel eine sehr vernünftige Rede, und sie klatschten Beifall. Der Adler nahm das Angebot des Zaunkönigs an, wenn auch sehr unwirsch, denn er ärgerte sich noch immer, dass der ihn hereingelegt hatte. Jeder war zufrieden – nicht zuletzt der Zaunkönig. Denn wenn nun auch der Adler für alle Zeiten der König der Vögel bleiben würde, so konnte doch der Zaunkönig seinen Kindern und Enkeln erzählen, auch er sei einmal König gewesen, wenn auch nur für eine halbe Stunde.

Ein Märchen aus Wales

Der Rabe und der Fuchs

Auf einem hohen Baum sitzt Meister Rabe,
Hält einen Käs im Schnabel fest,
Doch riechet unten Meister Fuchs die Labe,
Weshalb er so sich hören lässt:
»Ah, Herr von Rabe, guten Tag!
Wie seid Ihr doch so schön, dass man sich freuen mag;
Ja wahrlich, stimmen Eure Lieder
Zu Eurem prächtigen Gefieder,
So seid Ihr wert, dass man als Phönix Euch begrüßte.«
Wie freut der Rabe sich, da diese Worte schallen!

Zu zeigen seiner Stimme Süße,
Tut er den Schnabel auf und lässt die Beute fallen.
Der Fuchs fasst sie und spricht: »Mein guter Herr, o wisst,
Dass jeder Schmeichler lebt und isst
Auf dessen Kosten, der ihn willig hört.
Die gute Lehre ist schon einen Käse wert.«
Der Rabe, ganz bestürzt, verlegen,
Schwört, etwas spät, ihn sollt nichts mehr dazu bewegen.

Jean de La Fontaine

Die zwei Raben

Ich ging übers Heidemoor allein,
Da hört' ich zwei Raben kreischen und schrein;
Der eine rief dem andern zu:
»Wo machen wir Mittag, ich und du?«

»Im Walde drüben liegt unbewacht
Ein erschlagener Ritter seit heute Nacht,
Und niemand sah ihn in Waldesgrund
Als sein Lieb und sein Falke und sein Hund.

Sein Hund auf neuer Fährte geht,
Sein Falk auf frische Beute späht,
Sein Lieb ist mit ihrem Buhlen fort, –
Wir können speisen in Ruhe dort.

Du setzest auf seinen Nacken dich,
Seine blauen Augen, die sind für mich,
Eine goldene Locke aus seinem Haar
Soll wärmen das Nest uns nächstes Jahr.

Manch einer wird sprechen: Ich hatt' ihn lieb!
Doch keiner wird wissen, wo er blieb,
Und hingehn über sein bleich Gebein
Wird Wind und Regen und Sonnenschein.«

Theodor Fontane

Gruselett

Der Flügelflagel gaustert
durchs Wiruwaruwolz,
die rote Fingur plaustert,
und grausig gutzt der Golz.

Christian Morgenstern

Ist der Spatz so krank?

Der Spatz hatte sich über seine Frau, die Spätzin, sehr geärgert. Er lag wütend im Nest, lehnte Essen und Trinken ab, und sprach mit niemandem auch nur ein einziges Wort. Und das hieß viel beim Spatzen, denn er schwätzte an sich von Herzen gern.

Die Nachbarn vermissten ihn, denn es war langweilig ohne Spatz.

Da kam eines Tages der Hahn: »Tuck, tuck, tuck, liebe Gevatterin, ist der Spatz zu Hause?«

»Zu Hause ist er schon«, antwortete die Spätzin, »aber er liegt krank im Bett und kann nicht reden.«

»Ach so, im Kehlchen fehlt es ihm. Da weiß ich einen guten Rat. Ihr müsst zur Tenne fliegen und ein Haferkorn holen. Das mahlt Ihr zu Mehl und macht ihm einen Brei daraus. Nicht zum Essen, nein, den müsst Ihr ihm aufs Kehlchen legen.«

Die Spätzin schüttelte den kleinen Kopf. »Das nutzt nichts, lieber Gevatter Hahn«, sagte sie, »das habe ich schon versucht. Die Wärme hilft ihm nicht ein bisschen.«

Da zuckte der Hahn die Flügel und flog davon. Gleich danach kam die Krähe auf den Baum.

»Krah, krah, krah«, krächzte sie. »Was macht der Spatz? Ich habe ihn lange nicht gesehen. Ist er daheim?«

»Daheim ist er schon«, sagte die Spätzin, »aber er ist krank.«

»Was fehlt ihm denn?«

Diesmal sagte die Spätzin: »Ja, was fehlt ihm? Er klagt über Schmerzen im Rücken. Dort nagt und zerrt es, zwickt und pikt es.«

»Da weiß ich einen guten Rat«, krächzte die Krähe. »Ihr müsst in den Garten fliegen und Wermutblätter pflücken. Legt sie dem Spatz auf den Rücken. Das hilft bestimmt.«

Wieder schüttelte die Spätzin ihren kleinen Kopf und sagte: »Das hat nicht geholfen. Er hat nachher noch Seitenstechen bekommen.«

»Dann kann ich auch nicht helfen«, schalt die Krähe und flog davon.

Ob sie böse ist?, dachte die Spätzin und sah ihr hinterher. Da kam auch schon ein neuer Besuch: das Rebhühnchen.

»Ist der Spatz zu Hause?«

»Ja, aber er liegt krank zu Bett und kann nicht reden.«

»Das tut mir aber leid«, sagte das Rebhühnchen. »Was fehlt denn dem lieben Spatz?«

Und die Spätzin zählte alles auf, worüber der Spatz geklagt hatte, ehe er verärgert den Schnabel hielt.

»Das ist ja schrecklich!«, sagte das Rebhühnchen und empfahl einen starken Sud aus Pfefferminze zu machen und die Fersen des Spatzen damit zu wärmen.

»Habe ich alles schon versucht«, sagte die Spätzin, »aber nichts hilft.«

Da lächelte das Rebhühnchen spitzbübisch und sagte: »Wenn der Spatz so krank ist, wird er wohl nicht mehr lange zu leben haben. Soll ich mich für Euch nach einem anderen Mann umschauen?«

Noch ehe die Spätzin darauf antworten konnte, kam der Spatz aus dem Nest spaziert. Er hatte es über, böse zu sein, und schrie: »Wer sagt, dass ich krank bin? Ich bin gesund und munter. Tschiep, tschiep! Meine Frau braucht keinen neuen Mann, ich hab sie lieb. Tschiep, tschiep!«

Da flog das Rebhühnchen lachend davon, und auch die Spätzin lächelte, aber sie ließ es sich nicht anmerken. Und das war gut so.

Ein Märchen aus Russland

Wettstreit

Der Kuckuck und der Esel,
Die hatten großen Streit,
Wer wohl am besten sänge
Zur schönen Maienzeit.

Der Kuckuck sprach: »Das kann ich!«
Und hub gleich an zu schrein.
»Ich aber kann es besser!«,
Fiel gleich der Esel ein.

Das klang so schön und lieblich,
So schön von fern und nah;
Sie sangen alle beide:
»Kucku, Kucku, iah!«

Hoffmann von Fallersleben

Fink und Frosch

Im Apfelbaume pfeift der Fink
Sein: pinkepink!
Ein Laubfrosch klettert mühsam nach
Bis auf des Baumes Blätterdach
Und bläht sich auf und quackt: »Ja ja!
Herr Nachbar, ick bin och noch da!«

Und wie der Vogel frisch und süß
Sein Frühlingslied erklingen ließ,
Gleich muss der Frosch in rauen Tönen
Den Schusterbass dazwischen dröhnen.

»Juchheija heija!«, spricht der Fink.
»Fort flieg ich flink!«
Und schwingt sich in die Lüfte hoch.
»Wat!«, – ruft der Frosch. »Dat kann ick och!«
Macht einen ungeschickten Satz,
Fällt auf den harten Gartenplatz,
Ist platt, wie man die Kuchen backt,
Und hat für ewig ausgequackt.

Wilhelm Busch

Hans Christian Andersen
Die Nachtigall

In China, das wird dir wohl bekannt sein, ist der Kaiser ein Chinese, und alle, die ihn umgeben, sind auch Chinesen. Es sind nun schon viele Jahre her, aber gerade deshalb ist es der Mühe wert, die Geschichte zu hören, denn man vergisst sie sonst. Das Schloss des Kaisers war das prächtigste in der Welt, durch und durch von feinem Porzellan, so kostbar, aber auch so zerbrechlich, so gefährlich daran zu rühren, dass man sich ordentlich in Acht nehmen musste. Im Garten sah man die merkwürdigsten Blumen, und an den allerprächtigsten waren silberne Glocken befestigt, die fortwährend tönten, damit man nicht vorüberginge, ohne die Blumen zu bemerken. Alles war im Garten des Kaisers auf das scharfsinnigste ausgegrübelt, und er erstreckte sich so weit, dass selbst der Gärtner das Ende desselben nicht kannte. Schritt man rüstig weiter, so gelangte man in den herrlichsten Wald mit hohen Bäumen und tiefen Seen. Der Wald stieß an das Meer, das blau und tief war. Große Schiffe konnten unter den überhängenden Zweigen hinsegeln, und in diesen wohnte eine Nachtigall, die so schmelzend sang, dass selbst der arme Fischer, der vollauf von seinem Geschäfte in Anspruch genommen war, still lag und lauschte, wenn er nachts ausgefahren war, sein Netz aufzuziehen, und dann die Nachtigall hörte. »Mein Gott, wie ist das schön!«, sagte er, dann aber musste er seinem Gewerbe nachgehen und vergaß den Vogel. Doch wenn derselbe in der nächsten Nacht wieder sang und der Fischer dorthin kam, wiederholte er: »Mein Gott, wie ist das doch schön!«

Von allen Ländern der Welt kamen Reisende nach der Stadt des Kaisers und bewunderten dieselbe, das Schloss und den Garten, vernahmen sie aber die Nachtigall, dann sagten sie alle: »Das ist doch das Allerbeste!«

Die Reisenden erzählten davon nach ihrer Heimkunft, und die Gelehrten schrieben Bücher über die Stadt, das Schloss und den Garten, aber die Nachtigall vergaßen sie nicht, der wurde das Hauptkapitel gewidmet; und die, welche dichten konnten, schrieben die herrlichsten Gedichte über die Nachtigall im Walde bei dem tiefen See.

Die Bücher wurden in alle Sprachen übersetzt, und einige gerieten dann auch einmal dem Kaiser in die Hände. Er saß in seinem goldenen Stuhl, las und las und nickte jeden Augenblick mit dem Kopfe, denn es freute ihn, diese prächtigen Beschreibungen von der Stadt, dem Schlosse und dem Garten zu vernehmen.

»Aber die Nachtigall ist doch das Allerbeste!«, stand da geschrieben.

»Was soll das heißen?«, sagte der Kaiser. »Die Nachtigall? Die kenne ich ja gar nicht. Gibt es einen solchen Vogel in meinem Kaiserreiche und sogar in meinem eigenen Garten? Davon habe ich nie gehört! So etwas muss man erst aus den Büchern erfahren!«

Darauf rief er seinen Kavalier, der so vornehm war, dass er, wenn ihn ein Geringerer anzureden begann oder um etwas zu fragen wagte, nichts als »P!« antwortete, und »P!« hat doch nichts zu bedeuten.

»Hier soll sich ja ein höchst merkwürdiger Vogel aufhalten, der Nachtigall genannt wird!«, redete ihn der Kaiser an. »Man sagt, dass er das Allerbeste in meinem großen Reiche ist! Weshalb hat man mir nie etwas von demselben gesagt?«

»Ich habe ihn nie vorher nennen hören!«, sagte der Kavalier. »Er ist nie bei Hofe vorgestellt worden!«

»Ich will, dass er heute Abend herkommt und vor mir singt!«, fuhr der Kaiser fort. »Die ganze Welt weiß, was ich habe, und ich weiß es nicht.«

»Ich habe ihn nie vorher nennen hören!«, entgegnete der Kavalier. »Aber ich werde ihn suchen, ich werde ihn finden!«

Aber wo war er zu finden? Der Kavalier lief treppauf und treppab, durch Säle und Gänge, keiner von allen, die er traf, hatte von der Nachtigall je reden hören; und der Kavalier lief wieder zum Kaiser und behauptete, es müsste gewiss eine Fabel der Buchschreiber sein. »Eure kaiserliche Majestät können sich gar nicht vorstellen, was alles geschrieben wird. Das sind Erdichtungen und gehören zur so genannten schwarzen Kunst!«

»Allein das Buch, in dem ich gelesen habe«, versetzte der Kaiser, »ist mir von dem großmächtigen Kaiser von Japan geschickt worden, und folglich kann es keine Unwahrheit sein. Ich will die Nachtigall hören! Sie soll heute Abend hier sein! Sie steht in meiner allerhöchsten Gnade! Und kommt sie nicht, so lasse ich den ganzen Hof, wenn er Abendbrot gegessen hat, auf den Bauch treten!«

»Tsing-Pe!«, sagte der Kavalier und lief wieder treppauf und treppab, durch alle Säle und Gänge. Der halbe Hof lief mit, denn sie wollten sich nicht gern auf den Bauch treten lassen. Da war ein Fragen nach der merkwürdigen Nachtigall, die alle Welt kannte, nur niemand bei Hofe.

Endlich trafen sie ein kleines, armes Küchenmädchen. Sie sagte: »O Gott, die Nachtigall! Die kenne ich gut! Ja, wie kann die singen! Jeden Abend darf ich meiner armen kranken Mutter einige Speisereste bringen. Sie wohnt unten am Meeresufer, und wenn ich zurückkehre, müde bin und im Walde ruhe, dann höre ich die Nachtigall singen. Die Tränen treten mir dabei in die Augen, es kommt mir geradeso vor, als ob mich meine Mutter küsste!«

»Kleines Küchenmädchen!«, sagte der Kavalier. »Ich will Ihr eine feste Anstellung in der Küche und die Erlaubnis, den Kaiser speisen zu sehen, verschaffen, falls Sie uns zur Nachtigall führen kann, denn sie ist heute Abend zum Gesang befohlen!«

Darauf zogen sie alle nach dem Walde hinaus, wo die Nachtigall zu singen pflegte; der halbe Hof war mit. Als sie im besten Marsche waren, fing eine Kuh zu brüllen an.

»Oh!«, sagte ein Hofjunker. »Nun haben wir sie! Es steckt doch wirklich eine ganz außerordentliche Kraft in einem so kleinen Tierchen. Ich habe sie sicher schon früher einmal gehört!«

»Nein, das sind Kühe, welche brüllen!«, sagte das kleine Küchenmädchen. »Wir sind noch weit von der Stelle entfernt!«

Jetzt quakten Frösche im Sumpfe.

»Herrlich!«, sagte der chinesische Schlossprediger. »Nun höre ich sie; es klingt gerade wie kleine Kirchenglocken!«

»Nein, das sind die Frösche!«, versetzte das kleine Küchenmädchen. »Aber nun werden wir sie, denke ich, bald hören!«

Da begann die Nachtigall zu schlagen.

»Das ist sie!«, rief das kleine Mädchen. »Hört, hört, und dort sitzt sie!«, und dabei zeigte sie auf einen kleinen, grauen Vogel oben in den Zweigen.

»Ist es möglich!«, sagte der Kavalier. »So hätte ich sie mir nimmer vorgestellt! Wie einfach sie aussieht! Sie ist sicher erbleicht, weil sie so viele vornehme Leute um sich sieht!«

»Kleine Nachtigall!«, rief das kleine Küchenmädchen ganz laut. »Unser allergnädigster Kaiser wünscht, dass du vor ihm singst!«

»Mit größtem Vergnügen!«, erwiderte die Nachtigall und sang dann, dass es eine wahre Lust war.

»Es klingt gerade wie Glasglocken!«, sagte der Kavalier. »Und seht nur die kleine Kehle, wie die sich anstrengt! Es ist merkwürdig, dass wir sie früher nie gehört haben! Sie wird einen großen Erfolg bei Hofe haben!«

»Soll ich noch einmal vor dem Kaiser singen?«, fragte die Nachtigall, welche glaubte, dass der Kaiser zugegen wäre.

»Meine vortreffliche, liebe Nachtigall!«, sagte der Kavalier. »Ich habe die große Freude, Sie zu einem Hoffeste heute Abend zu befehlen, wo Sie Seine Kaiserliche Gnaden mit Ihrem reizenden Gesange bezaubern sollen!«

»Es nimmt sich im Grünen am besten aus!«, entgegnete die Nachtigall, aber sie ging doch mit, als sie hörte, dass es der Kaiser wünschte.

Im Schlosse war alles im festlichen Staate. Wände und Fußboden, die von Porzellan waren, erglänzten im Scheine vieler Tausend goldener Lampen. Die schönsten Blumen, die recht laut klingeln konnten, waren in den Gängen aufgestellt. Da war ein Laufen und machte sich ein gewaltiger Zugwind fühlbar, und alle Glocken klingelten so unaufhörlich, dass man sein eigenes Wort nicht verstehen konnte.

Mitten in dem Saale, in dem der Kaiser saß, war eine kleine goldene Säule aufgestellt, auf welcher die Nachtigall sitzen sollte. Der ganze Hof war dort versammelt, und das kleine Küchenmädchen hatte die Erlaubnis erhalten, hinter der Tür zu stehen, da ihr nun der Titel einer wirklichen Hofköchin beigelegt war. Alle hatten ihre Festgewänder angelegt, und alle sahen den kleinen, grauen Vogel an, dem der Kaiser zunickte.

Die Nachtigall sang so lieblich, dass dem Kaiser Tränen in die Augen traten; die Tränen liefen ihm über die Wangen hinab, und nun sang die Nachtigall noch schöner, dass es recht zu Herzen ging. Der Kaiser war so froh und zufrieden, dass er zu bestimmen geruhte, die Nachtigall sollte einen goldenen Pantoffel um den Hals tragen. Die Nachtigall aber dankte, sie hätte schon eine hinreichende Belohnung erhalten.

»Ich habe Tränen in den Augen des Kaisers gesehen, das ist mir der reichste Schatz! Eines Kaisers Tränen haben eine wunderbare Macht! Gott weiß, ich bin belohnt genug!« Dann sang sie wieder mit ihrer süßen, bezaubernden Stimme.

»Das ist die liebenswürdigste Art, sich Gunst zu erwerben!«, sagten die Damen ringsherum, und dann nahmen sie Wasser in den Mund, um zu schluchzen, wenn jemand mit ihnen spräche. Sie hielten sich dann ebenfalls für Nachtigallen. Ja selbst die

Diener und Kammermädchen ließen ihre höchste Zufriedenheit melden, und das will viel sagen, denn gerade sie erheben die größten Ansprüche. Ja, die Nachtigall machte wirklich Glück.

Sie sollte nun bei Hofe bleiben, ihren eigenen Käfig haben und die Freiheit genießen, zweimal des Tages und einmal des Nachts sich im Freien zu ergehen. Zwölf Diener mussten sie begleiten, die sie alle an einem um das eine Bein geschlungenen Bande festhielten. Es war gerade kein Vergnügen bei dergleichen Ausgängen.

Die ganze Stadt sprach nur von dem merkwürdigen Vogel, und begegneten sich zwei, so seufzten sie und stellten sich so verzückt, als ob es mit ihnen nicht ganz richtig wäre. Ja, elf Hökerkinder wurden nach ihr benannt, obwohl ihre Stimmmittel keine große Anlage zur Gesangskunst verrieten.

Eines Tages wurde dem Kaiser eine große Kiste überreicht, auf der geschrieben stand: »Nachtigall!«

»Da haben wir nun ein neues Buch über unseren berühmten Vogel!«, sagte der Kaiser; aber es war kein Buch, es war ein kleines Kunstwerk, das in einer Schachtel lag, eine künstliche Nachtigall, die der lebendigen ähneln sollte, aber

überall mit Diamanten, Rubinen und Saphiren besetzt war. Sobald man den künstlichen Vogel aufzog, konnte er eins der Stücke singen, welche die wirkliche Nachtigall sang, und dabei bewegte er den Schwanz auf und nieder und glänzte von Silber und Gold. Um den Hals hing ihm ein Bändchen, auf dem geschrieben stand: »Die Nachtigall des Kaisers von Japan ist arm gegen die des Kaisers von China!«

»Das ist herrlich!«, sagten sie sämtlich, und derjenige, der den künstlichen Vogel überbracht hatte, erhielt sofort den Titel eines kaiserlichen Oberhofnachtigallenüberbringers.

»Nun müssen sie zusammen singen! Was wird das für ein Duett werden!«

So mussten sie denn zusammen singen, aber es wollte nicht recht gehen, denn die wirkliche Nachtigall ging auf ihre Art und der Kunstvogel ging auf Walzen.

»Der trägt nicht die Schuld!«, sagte der Spielmeister. »Der ist besonders taktfest und ganz aus meiner Schule!« Nun sollte der Kunstvogel allein singen. Er machte ein ebenso großes Glück wie der wirkliche, und dann bot er auch einen viel niedlicheren Anblick dar; er funkelte wie Armbänder und Brustnadeln.

Dreiunddreißigmal sang er ein und dasselbe Stück und wurde doch nicht müde. Die Leute hätten ihn gern wieder von vorn gehört, doch meinte der Kaiser, dass nun auch die lebendige Nachtigall etwas vortragen sollte – aber wo war diese? Niemand hatte bemerkt, dass sie zum offenen Fenster hinausgeflogen war, fort zu ihren grünen Wäldern.

»Aber was ist denn das?«, rief der Kaiser; und alle Hofleute schalten und meinten, die Nachtigall wäre ein höchst undankbares Tier. »Den besten Vogel haben wir doch!«, trösteten sie sich, und so musste der Kunstvogel wieder singen, und das war das vierunddreißigste Mal, dass ihnen dasselbe Stück vorgespielt wurde, aber sie kannten es immer noch nicht vollkommen, denn es war gar schwer. Der Spielmeister lobte den Vogel über alle Maßen, ja, er versicherte, er wäre besser als die wirkliche Nachtigall, nicht nur was die Kleider und die vielen strahlenden Diamanten anlangte, sondern auch in Hinsicht des Inwendigen.

»Denn sehen Sie, meine Herrschaften, und vor allen Eure Kaiserliche Gnaden!, bei der wirklichen Nachtigall kann man nie berechnen, was da kommen wird, aber bei dem Kunstvogel ist alles bestimmt. So wird es und nicht anders. Man kann Rechenschaft darüber ablegen, man kann ihn öffnen, kann die menschliche Berechnung nachweisen, zeigen, wie die Walzen liegen, wie sie gehen und wie sich eins aus dem anderen ergibt –!«

»Das sind ganz meine Gedanken!«, behaupteten alle, und der Spielmeister erhielt Erlaubnis, den Vogel am nächsten Sonntage dem Volke vorzuweisen. »Sie sollen ihn auch singen hören!«, sagte der Kaiser, und sie hörten ihn und wurden so aufgeräumt, als hätten sie sich im Tee berauscht, denn das ist echt chinesisch. Und alle riefen: »Oh!«, und hielten nach ihrer Sitte einen Finger in die Höhe und nickten dabei. Aber die armen Fischer, welche die wirkliche Nachtigall gehört hatten, meinten: »Das klingt wohl ganz hübsch, es lässt sich auch eine Ähnlichkeit der Melodie nicht ableugnen, aber es fehlt etwas – etwas – ich weiß es nur nicht recht auszudrücken!«

Die wirkliche Nachtigall ward aus Land und Reich verwiesen.

Der Kunstvogel hatte seinen Platz auf einem seidenen Kissen, unmittelbar neben dem Bette des Kaisers. Alle Geschenke, die er erhalten hatte, Gold und Edelsteine, lagen rings um ihn her, und im Titel war er bereits bis zum »Hochkaiserlichen Nachttischsänger« mit dem Range eines Rates erster Klasse zur lin-

ken Seite aufgestiegen. Der Kaiser hielt nämlich die Seite für die vornehmste, auf welcher das Herz säße, und das Herz sitzt auch bei einem Kaiser auf der linken. Der Spielmeister aber schrieb fünfundzwanzig dicke Bände über den Kunstvogel. Es war dies Werk so gelehrt und so lang, wimmelte so sehr von den allerschwersten chinesischen Wörtern, dass alle Leute behaupteten, sie hätten es gelesen und verstanden, denn sonst wären sie ja dumm gewesen und auf den Bauch getreten worden.

So ging es ein ganzes Jahr: Der Kaiser, der Hof und alle anderen Chinesen kannten jeden Laut in dem Gesange des Kunstvogels auswendig, aber gerade deshalb hielten sie die größten Stücke auf ihn. Sie konnten selbst mitsingen und taten es. Die Gassenbuben sangen: »Zizizi! Kluckkluckkluck!«, und der Kaiser sang es. Oh, es war himmlisch!

Aber eines Abends, als der Kunstvogel gerade am besten sang und der Kaiser im Bette lag und zuhörte, ging es inwendig im Vogel: »Schwupp!« Da sprang etwas: »Schnurrrrr!« Alle Räder liefen herum, und dann schwieg die Musik.

Der Kaiser sprang sogleich aus dem Bette und ließ seinen Leibarzt holen, aber was konnte der helfen? Dann schickte man nach dem Uhrmacher, und nach vielem Fragen und vielem Untersuchen setzte er den Vogel wenigstens einigermaßen wieder instand, erklärte aber, er müsste sehr geschont werden, denn die Zapfen wären abgenutzt, und es wäre unmöglich, neue dergestalt einzusetzen, dass die Musik sicher ginge. Da war nun große Trauer! Jährlich durfte man den Kunstvogel nur einmal singen lassen, und schon das war ein großes Wagnis. Dann aber hielt der Spielmeister eine kleine Rede und versicherte, dass es noch ebenso gut wäre wie früher, und dann war es ebenso gut wie früher.

Nun waren fünf Jahre verstrichen, als das ganze Land plötzlich eine wirkliche Ursache zu großer Trauer bekam. Im Grunde hielten alle viel von ihrem Kaiser, und nun war er krank und konnte, wie man sagte, nicht länger leben. Ein neuer Kaiser war schon im Voraus gewählt, und das Volk stand draußen auf der Straße und fragte den Kavalier, wie es mit ihrem Herrn stände.

»P!«, sagte er und schüttelte den Kopf.

Kalt und bleich lag der Kaiser in seinem großen, prächtigen Bette; der ganze Hof hielt ihn für tot, und jeder lief, dem neuen Kaiser seine Aufwartung zu machen; die Kammerdiener liefen hinaus, um darüber zu plaudern, und die Schlossmägde hielten große Kaffeegesellschaft. Ringsumher in allen Sälen und Gängen waren Tuchdecken gelegt, damit man keinen Tritt vernähme, und deshalb war es überall so still, so still. Aber der Kaiser war noch nicht tot. Steif und bleich lag er in dem prächtigen Bette mit den langen Samtvorhängen und den schweren Goldquasten. Hoch oben stand ein Fenster offen, und der Mond schien herein auf den Kaiser und den Kunstvogel.

Der arme Kaiser konnte kaum noch atmen, es war ihm, als ob etwas auf seiner Brust läge. Er schlug die Augen auf, und da sah er, dass es der Tod war, der auf seiner Brust saß. Er hatte sich seine goldene Krone aufgesetzt und hielt in der einen Hand den goldenen Säbel des Kaisers und in der anderen dessen prächtige Fahne. Aus den Falten der großen Samtvorhänge schauten ringsumher seltsame Köpfe hervor, einige sehr hässlich, andere Frieden verheißend und mild. Es waren alle bösen und guten Taten des Kaisers, die ihn jetzt, wo der Tod auf seinem Herzen saß, anblickten.

»Erinnerst du dich dessen?«, flüsterte eine nach der anderen. »Erinnerst du dich dessen?«, und dann erzählten sie ihm so viel, dass ihm der Schweiß von der Stirn lief.

»Das habe ich nie gewusst!«, seufzte der Kaiser. »Musik, Musik, die große chinesische Trommel!«, rief er. »Damit ich nicht das alles höre, was sie sagen!«

Aber sie verstummten nicht, und der Tod nickte wie ein Chinese zu allem, was gesagt wurde.

»Musik, Musik!«, schrie der Kaiser. »Du kleiner lieblicher Goldvogel, singe doch, singe! Ich habe dir Gold und Kostbarkeiten gegeben, ich habe dir selbst meinen goldenen Pantoffel um den Hals gehängt, singe doch, singe!«

Aber der Vogel schwieg, es war niemand da, ihn aufzuziehen, und sonst sang er nicht. Aber der Tod fuhr fort, ihn mit seinen großen, leeren Augenhöhlen anzuschauen, und es war so still, so erschrecklich still.

Da ertönte plötzlich, dicht neben dem Fenster, der herrlichste Gesang. Er rührte von der kleinen, lebenden Nachtigall her, die draußen auf einem Zweige saß. Sie hatte von ihres Kaisers Not gehört und war deshalb gekommen, ihm Trost und Hoffnung zuzusingen. Und wie sie sang, erbleichten die Spukgestalten mehr und mehr, immer rascher pulsierte das Blut in des Kaisers schwachem Körper, und selbst der Tod lauschte und sagte: »Fahre fort, kleine Nachtigall, fahre fort!«

»Ja, wenn du mir den prächtigen goldenen Säbel geben willst; wenn du mir die reiche Fahne und des Kaisers Krone geben willst!«

Und der Tod gab jedes Kleinod für einen Gesang hin, und die Nachtigall war unermüdlich in ihrem Gesange. Sie sang von dem stillen Friedhofe, wo die weißen Rosen wachsen, wo der Flieder duftet und wo das frische Gras von den Tränen der Überlebenden benetzt wird. Da bekam der Tod Sehnsucht nach seinem Garten und schwebte wie ein kalter, weißer Nebel zum Fenster hinaus.

»Dank, Dank!«, sagte der Kaiser. »Du himmlischer kleiner Vogel, ich kenne dich wohl! Dich habe ich aus meinem Lande und Reiche verwiesen, und doch hast du die bösen Geister von meinem Bette hinweggesungen, den Tod von meinem Herzen vertrieben! Wie soll ich dir lohnen?«

»Du hast mir gelohnt!«, sagte die Nachtigall. »Tränen haben deine Augen vergossen, als ich das erste Mal sang; das vergesse ich dir nie, das sind die Juwelen, die eines Sängers Herzen wohl tun. Aber schlafe nun, werde frisch und gesund! Ich will dich einsingen.«

Sie sang – und der Kaiser fiel in einen süßen Schlaf; sanft und wohltuend war der Schlaf!

Die Sonnenstrahlen fielen durch das Fenster auf ihn, als er gestärkt und gesund erwachte. Noch war keiner von seinen Dienern zurückgekommen, denn sie hielten ihn für tot, aber die Nachtigall saß noch da und sang.

»Immer musst du bei mir bleiben!«, sagte der Kaiser. »Du sollst nur singen, wenn du willst, und den Kunstvogel schlage ich in tausend Stücke!«

»Tue es nicht!«, sagte die Nachtigall. »Das Gute, was er vermochte, hat er ja getan; behalte ihn nach wie vor! Ich kann in einem Schlosse nicht wohnen, aber lass mich kommen, wenn mich selbst die Lust dazu treibt! Dann will ich des Abends dort auf dem Zweige bei dem Fenster sitzen und dir vorsingen, damit du froh, aber auch zugleich nachdenklich wirst. Ich will singen von den Glücklichen und von denen, die leiden; ich will singen vom Bösen und Guten, was dir verhehlt wird. Der kleine Singvogel fliegt weit umher zu dem armen Fischer, zu des Landmannes Dach, zu jedem, der fern von dir und deinem Hofe ist. Dein Herz liebe ich mehr als deine Krone, und doch hat die Krone etwas von dem Dufte des Heiligen an sich. – Ich komme, ich singe dir vor! Aber eins musst du mir versprechen!«

»Alles!«, sagte der Kaiser und stand da in seiner kaiserlichen Tracht, die er sich selbst angelegt hatte, und legte den Säbel, der von Gold schwer war, gegen sein Herz.

»Um eins bitte ich dich! Erzähle niemand, dass du einen kleinen Vogel hast, der dir alles sagt, dann wird es noch besser gehen!«

Darauf flog die Nachtigall fort.

Die Diener kamen herein, um nach ihrem toten Kaiser zu sehen; – ja, da standen sie – und der Kaiser sagte: »Guten Morgen!«

Von Tieren im Feld und auf der Wiese

Erwin Moser
Brief eines Mistkäfers

Liebe Schnecke!

Heute Morgen fand ich, nahe bei meinem Heim, eine Tintenflasche. Ich habe lange überlegt, ob ich dir schreiben soll. Als ich dann auch noch ein Stück Seidenpapier fand, gab ich mir einen Ruck, suchte eine geeignete Hühnerfeder, und nun sitze ich hier, am Fuße meines Misthaufens, und schreibe diesen Brief.

Ja, ich will es gar nicht verschweigen oder beschönigen: Ich wohne auf einem Misthaufen, denn ich bin ein Mistkäfer! Und diese Tatsache war auch der Grund, der mich so lange zögern ließ, das Wort an dich zu richten. Ich bin ein gewöhnlicher Mistkäfer, und das bedeutet, dass ich hässlich bin und wohl auch ein bisschen stinke.

Als ich dich das erste Mal sah – das war vor drei Tagen – meinte ich, das Herz müsste mir zerspringen! Ich liebte dich von der ersten Sekunde an, und schmerzlich war der Gedanke, dass diese Liebe unerfüllt bleiben würde. Nein, ich gebe mich keinen falschen Hoffnungen hin. Ich weiß, du würdest nie zu mir in den Misthaufen kommen. (Verzeih, es ist dumm von mir, diese Erwägung überhaupt auszusprechen ...)

Ich sah dich, hinter einem Kastanienblatt verborgen, wie du zu dem Zaun neben dem Hasenstall glittst. Da wir uns wahrscheinlich nie mehr begegnen, wage ich es zu sagen: Du bist das schönste Wesen, das ich je erblickte! Dein schlanker Leib, deine zarten Fühler und zärtlichen Augen, dein unvergleichliches Schneckenhaus ... Zwei Tage lang hatte ich das unbeschreibliche Glück, dir auf deinem Weg über den Zaun zuzusehen, dann verschwandest du auf der anderen Seite.

Du besitzt von Natur aus alle Gaben und Eigenschaften, die mir versagt sind. Du bist von göttlicher Weichheit und Reinheit, während ich hart bin und stinke. Deine Bewegungen sind eine einzige Augenweide, während ich ziemlich tollpatschig und plump dahinkrieche. Dein Wesen ist edel und strahlt Heiterkeit aus, und ich bin dumm und schwermütig. Niemand mag mich, jeder geht mir aus dem Weg, und ich kann es ihnen nicht einmal verdenken. Ich bin eben ein

Mistkäfer. Doch unter meinem hässlichen, schwarzen Panzer, in meinem Herzen, sieht es ganz anders aus! Eine tiefe Sehnsucht nach Liebe und Schönheit wohnt dort, und als ich dich sah, wusste ich, dass du die reinste Verkörperung all meiner Sehnsüchte und Wünsche bist.

Geliebte Schnecke! Sollte dich dieser Brief jemals erreichen, so würde es mich unsagbar glücklich machen, wenn ich eine Antwort von dir bekäme. Für den Rest meines Lebens wäre ich der glücklichste Käfer der Welt!

Meine kühnsten Hoffnungen gingen jedoch in Erfüllung, wenn ich dich noch einmal sehen könnte. Aus der Ferne nur … Vielleicht führt dich dein Weg irgendwann wieder an meinem Misthaufen vorbei. Auf diesen Tag werde ich warten!

Dein dich verehrender und
liebender Mistkäfer.

Als die Tinte trocken war, rollte der Mistkäfer den Brief zu einer winzigen Rolle zusammen und kroch auf die Spitze des Misthaufens. Dort setzte er sich nieder und wartete auf ein fliegendes Insekt. Er musste gar nicht lange warten. Eine dicke, graue Pferdefliege landete unweit von ihm auf einer faulen Tomate und begann daran zu saugen.

»Hallo …«, sagte der Mistkäfer schüchtern.

Die Fliege schreckte zusammen und flog gedankenschnell auf. Aus einigen Metern Höhe sah sie dann, dass es nur ein Mistkäfer gewesen war, der sie angesprochen hatte, und sie kehrte zurück.

»Was schleichst du hier herum und erschreckst friedliche Leute beim Mittagessen?«, sagte die Pferdefliege verärgert.

»Entschuldige vielmals!«, bat der Käfer. »Es war nicht Absicht. Ich wollte dich nur um einen kleinen Gefallen bitten, doch das ist jetzt wohl hinfällig … Auf Wiedersehen.«

»Hier geblieben!«, rief die Fliege, nun neugierig geworden. »Was ist das für ein Gefallen? Sei nicht so schüchtern, ich beiß dich nicht!«

»Weißt du, ich habe eben einen Brief geschrieben – an eine Schnecke, und ich brauche jetzt jemand, der ihn zu ihr bringt.«

»So, einen Brief hast du geschrieben«, sagte die Fliege belustigt. »Und wo soll diese Schnecke zu finden sein?«

»Das ist ein kleines Problem«, erwiderte der Käfer. »Sie ist gestern über diesen Zaun da geklettert, und ich nehme an, dass sie irgendwo am Ufer des Tümpels auf der anderen Seite ist. Weit kann sie nicht gekommen sein. Für jemand, der so gut fliegen kann wie du, wäre es ein Leichtes …«

»Sicher«, sagte die Pferdefliege, »das ist es auch, und ich will den Brief auch zustellen, aber nur, wenn ich dafür etwas bekomme. Umsonst ist der Tod, mein Lieber, und der kostet das Leben!«

»Aber, ich besitze doch nichts«, sagte der Mistkäfer. »Ich wüsste nicht, was ich dir dafür geben könnte …«

»Honig«, sagte die Fliege. »Hast du keinen Honig? Oder Würfelzucker oder Schokolode?«

»Nie gehabt«, erwiderte der Mistkäfer. »Tut mir schrecklich leid.«

»Hm …« Die Fliege überlegte. »Bist ein armer Teufel«, sagte sie dann. »Zeig mal deinen Brief – was du überhaupt geschrieben hast –, wenn's wichtig ist, tu ich's vielleicht umsonst.«

Der Mistkäfer entrollte eilig den Brief, und die Fliege begann zu lesen. Nach dem ersten Absatz lachte sie, doch je weiter sie las, desto stiller und ernster wurde sie.

Als sie zu Ende gelesen hatte, sah sie den Käfer auf merkwürdige Weise an und sagte: »Du hast Recht, es ist ein wichtiger Brief. Sei so gut und rolle ihn wieder zusammen, ich werde gleich losfliegen und deine Schnecke suchen.«

»Danke!«, rief der Mistkäfer glücklich. »Du bist die netteste Fliege der Welt!«

»Na, na«, sagte die Fliege. »Gib schon her.« Sie fasste das dünne Papierröllchen mit ihren Beinen und stieg auf.

»Du musst mir dann mitteilen, was die Schnecke gesagt hat!«, rief ihr der Mistkäfer nach.

»Ja, ja …«, rief die Fliege zurück, dann war sie im Sonnenlicht verschwunden.

Die Pferdefliege flog über den Holzzaun, ging dann tiefer und suchte mit ihren scharfen Augen den Boden ab. Sie flog das Ufer des Tümpels auf und ab, aber es war weit und breit keine Schnecke zu sehen. Dann erinnerte sich die Fliege, dass Schnecken kein pralles Sonnenlicht vertrugen, und wandte sich den Kräuterstauden und Büschen längs des Zaunes zu. Hier wurde die Suche immer mühseliger. Die Fliege landete auf beinahe jeder Pflanze und kroch durch das

Blättergewirr zum schattigen Boden hinunter. Nur hier unten konnte sie die Schnecke finden, wenn überhaupt.

Der Tag ging zu Ende, und die Pferdefliege war schon sehr, sehr müde, als sie endlich die Schnecke entdeckte. Unter einem breitblättrigen Strauch saß sie, zurückgezogen in ihrem Haus.

Die Pferdefliege klopfte an das Schneckenhaus und rief: »Komm heraus, Schnecke! Ich habe einen Brief für dich!«

Das Schneckenhaus begann sich zu bewegen, und ganz langsam kam die Schnecke zum Vorschein. Ihre Stielaugen wuchsen aus dem Kopf und suchten den Störenfried.

»Was ist los?«, fragte sie, als sie die Fliege erblickte. »Hast du was von einem Brief gesagt? Habe ich da richtig gehört?«

»O ja!«, sagte die Fliege lächelnd. »Es ist ein ganz besonderer Brief. Hier, lies!« Sie entrollte das Seidenpapier und hielt es der Schnecke hin. Diese begann zu lesen.

Plötzlich schrie die Schnecke empört auf: »Aber, der Brief ist ja von einem Mistkäfer!«

Die Fliege fuhr zusammen, so laut hatte die Schnecke geschrien.

»Weg damit!«, rief die Schnecke weiter. »Das lese ich nicht! Briefe von stinkenden Käfern können mir gestohlen bleiben! Was fällt dir ein, mir so was vor die Nase zu halten?«

»Aber lies doch weiter«, sagte die Fliege. »Es ist ein Liebesbrief, und er ist ganz rührend geschrieben …«

»Ein Liebesbrief!?«, japste die Schnecke. »Ich soll einen Liebesbrief von einem ekelhaften Mistkäfer lesen? Ich, eine edle Schnecke? Bleib mir vom Leib mit diesem Drecksfetzen! Was denkst du überhaupt, was ich bin?«

»Das kann ich dir sagen«, erwiderte die Fliege ganz ruhig und rollte den Brief wieder ein. »Eine widerliche Schleimkriecherin bist du! Ah, mir wird übel. Verzieh dich in deine Schale, bevor ich mich vergesse! Er liebt dich, der arme Käfer, er *liebt* dich, wenn dir das etwas sagt. Aber ich glaube, hier ist jedes weitere Wort überflüssig. Leb wohl – oder vielmehr: Ich wünsche dir, dass dich der nächste Vogel aufpickt. Das bist du nämlich in Wirklichkeit: Vogelfutter, nicht mehr und nicht weniger!«

Die Fliege packte das Briefröllchen und flog auf.

»Frechheit!«, sabberte die Schnecke hinter ihr her.

Die Pferdefliege flog zum Ufer des Tümpels und setzte sich auf einen Stein. Ihr Zorn war schnell verraucht und hatte einem Gefühl der Bitterkeit Platz gemacht.

Ach, Käfer, wie leid du mir tust, dachte sie. Du kannst doch nichts dafür, dass du im Mist lebst … Wie unwichtig das doch im Grunde genommen ist … Und der Brief? Den brauche ich jetzt wohl nicht mehr.

Die Fliege ließ das Papierröllchen fallen und flog weg.

Sie kehrte zum Misthaufen zurück, wo der Käfer schon sehnsüchtig auf sie wartete.

»Hast du sie gefunden? Was hat sie gesagt?«, bestürmte sie der Mistkäfer.

»Leider«, sagte die Pferdefliege, »ich habe dort drüben alles abgesucht, unter jedes Blatt habe ich geschaut, aber deine Schnecke habe ich nicht gefunden.«

Der Mistkäfer ließ traurig seine Fühler hängen. »Nun ja«, sagte er nach einer Weile, »ich danke dir jedenfalls für deine Mühe …«

»Ich habe deinen Brief am Tümpelufer hingelegt«, sagte die Fliege. »Es ist zwar ziemlich unwahrscheinlich, aber vielleicht kommt die Schnecke dort vorbei und findet ihn.«

»Danke«, sagte der Mistkäfer. »Das war sehr nett von dir. «

»Auf Wiedersehen, Käfer!«

»Wiedersehen, Fliege.«

Als die Sonne langsam unterging, kamen die Unken aus ihren Schilfverstecken hervor und begannen zu singen.

Eine von ihnen schwamm zum Ufer und fand den Brief des Mistkäfers. Sie entrollte das Papier und las. Als sie fertig gelesen hatte, ließ sie nachdenklich den Brief sinken.

Schnecke?, dachte die Unke. Ich kenne hier nur eine Schnecke, und das ist die eingebildete Elsa. Wenn die den Brief

gelesen hat, gibt es jetzt einen unglücklichen Käfer, dort drüben auf dem Misthaufen …

Die Unke wusste, wie es ist, wenn man von allen gemieden wird, denn sie war selbst hässlich. Kurz entschlossen hüpfte sie durch das Gras zum Zaun, setzte sich auf einen kleinen Erdhügel und begann laut zu singen.

Jenseits des Zauns hockte der Mistkäfer auf der Spitze des Misthaufens und schaute traumversunken in den Abendhimmel. Er hörte den schönen Gesang der Unke, und für einen Moment glaubte er, dass sie nur für ihn sänge. Er lauschte und lauschte, bis ihm die Augen langsam zufielen. Die Nacht breitete sich über Tümpel und Misthaufen, und der Käfer träumte von seiner geliebten Schnecke.

Herr Schneck
    (mit seinem Versteck)
kommt so rasch,
    dass es braust
um die Ecke gesaust.
    Da schreit er laut:
Halt!!!
Fast
    wären wir
zusammengeknallt!
Herr!!!
    Sehen Sie nicht,
dass ich
die Vorkriech habe?
    Sie sind vielleicht
ein Unglücksrabe!
    Beinahe hätte es
einen Unfall gegeben,
    mir verdanken Sie,
dass Sie
    noch leben!
Sie haben wohl
    keinen Kriecherschein?
»Nein!«,
    brummt der Stein.

Max Kruse

Franz Hohler

Der tragische Tausendfüßler

Der alte Tausendfüßler saß vor seiner Höhle und wollte endlich einmal seine Füße zählen. Sein ganzes Leben lang hatte er das schon vorgehabt, aber immer war ihm irgendetwas dazwischengekommen. Jetzt hatte er endlich ein bisschen Zeit und begann, seine Füße zu zählen.

Aber das Tausendfüßlerleben ist hart. Als er beim zweihundertachtzehnten Fuß war, musste er sich mit einem Sprung vor einer Haubenmeise in die Höhle retten. Dabei wäre das gar nicht nötig gewesen, denn wie jeder weiß, sind Haubenmeisen vegetarisch gesinnt. So musste der alte Tausendfüßler ärgerlich von neuem mit Zählen beginnen und kam bis vierhundertzweiunddreißig, da juckte es ihn am achthundertzehnten Fuß so fürchterlich, dass er sich mit dem folgenden Dutzend daran kratzte, was ihn so verwirrte, dass er drausfiel und wieder beginnen musste. Diesmal kam er bis fünfhundertelf, da brachte ihm seine Frau die Schuhmacherrechnung.

Wütend schmiss er das Papier zu Boden, trat es mit Füßen und ging dann wieder vor die Höhle, entschlossen, sich durch nichts mehr stören zu lassen. Als ihn die Haubenmeise fraß (irrtümlich, das ist ja das Tragische), war er erst bei zweihundertdrei, und so hat er nie erfahren, wie viel Füße er eigentlich hatte.

Josef Guggenmos

Oh, Verzeihung, sagte die Ameise

Es war an einem sonnigen Sommertag. Auf einem großen Ameisenhaufen am Waldrand wimmelten und wuselten zehntausend Ameisen durcheinander. Unter diesen zehntausend Ameisen gab's eine, die war besonders höflich. Sooft sie in dem Gewimmel einer andern auf die Zehen trat, sagte sie: »Oh, Verzeihung!«

Die höfliche Ameise war eben dabei, von hoch oben den Berg hinabzulaufen, um eine neue Tannennadel zu holen. Dabei konnte sie keinen Schritt tun, ohne einer oder zwei andern auf die Zehen zu treten, und so musste sie es tausendmal hintereinander sagen, ganz schnell (probier's und sag's nach!): »Oh, Verzeihung! Oh, Verzeihung! Oh, Verzeihung! Oh, Verzeihung! Oh, Verzeihung! Oh, Verzeihung! Oh, Verzeihung! Oh, Verzeihung! Oh, Verzeihung! Oh, Verzeihung! Oh, Verzeihung!«

Als die höfliche Ameise den Berg hinunter war, war sie von dem vielen Oh-Verzeihung-Sagen so erschöpft, dass sie sich erst einmal hinsetzen und verschnaufen musste. Dann ging sie, eine Tannennadel zu suchen. Aber wie wird das erst geworden sein, als sie die Tannennadel den Berg hinaufschaffen musste und dabei nicht nur mit den Zehen, sondern auch mit dem langen Trumm links und rechts und rechts und links an andern anstieß: »Oh, Verzeihung! Oh, Verzeihung! Oh, Verzeihung! …«

Leo Lionni
Frederick

Rund um die Wiese herum, wo Kühe und Pferde grasten, stand eine alte, alte Steinmauer. In dieser Mauer – nahe bei Scheuer und Kornspeicher – wohnte eine Familie schwatzhafter Feldmäuse. Aber die Bauern waren weggezogen, Scheuer und Kornspeicher standen leer. Und weil es bald Winter wurde, begannen die kleinen Feldmäuse Körner, Nüsse, Weizen und Stroh zu sammeln. Alle Mäuse arbeiteten Tag und Nacht. Alle – bis auf Frederick.

»Frederick, warum arbeitest du nicht?«, fragten sie.

»Ich arbeite doch«, sagte Frederick, »ich sammle Sonnenstrahlen für die kalten, dunklen Wintertage.«

Und als sie Frederick so dasitzen sahen, wie er auf die Wiese starrte, sagten sie: »Und nun, Frederick, was machst du jetzt?«

»Ich sammle Farben«, sagte er nur, »denn der Winter ist grau.«

Und einmal sah es so aus, als sei Frederick halb eingeschlafen.

»Träumst du, Frederick?«, fragten sie vorwurfsvoll.

»Aber nein«, sagte er, »ich sammle Wörter. Es gibt viele lange Wintertage – und dann wissen wir nicht mehr, worüber wir sprechen sollen.«

Als nun der Winter kam und der erste Schnee fiel, zogen sich die fünf kleinen Feldmäuse in ihr Versteck zwischen den Steinen zurück. In der ersten Zeit gab es noch viel zu essen, und die Mäuse erzählten sich Geschichten über singende Füchse und tanzende Katzen. Da war die Mäusefamilie ganz glücklich! Aber nach und nach waren fast alle Nüsse und Beeren aufgeknabbert, das Stroh war alle, und an Körner konnten sie sich kaum noch erinnern. Es war auf einmal sehr kalt zwischen den Steinen der alten Mauer, und keiner wollte mehr sprechen.

Da fiel ihnen plötzlich ein, wie Frederick von Sonnenstrahlen, Farben und Wörtern gesprochen hatte.

»Frederick!«, riefen sie. »Was machen *deine* Vorräte?«

»Macht die Augen zu«, sagte Frederick und kletterte auf einen großen Stein. »Jetzt schicke ich euch die Sonnenstrahlen. Fühlt ihr schon, wie warm sie sind? Warm, schön und golden?«

Und während Frederick so von der Sonne erzählte, wurde den vier kleinen Mäusen schon viel wärmer. Ob das Fredericks Stimme gemacht hatte? Oder war es ein Zauber?

»Und was ist mit den Farben, Frederick?«, fragten sie aufgeregt.

»Macht wieder eure Augen zu«, sagte Frederick. Und als er von blauen Kornblumen und roten Mohnblumen im gelben Kornfeld und von grünen Blättern am Beerenbusch erzählte, da sahen sie die Farben so klar und deutlich vor sich, als wären sie aufgemalt in ihren kleinen Mäuseköpfen.

»Und die Wörter, Frederick?«

Frederick räusperte sich, wartete einen Augenblick, dann sprach er wie von einer Bühne herab:

»Wer streut die Schneeflocken? Wer schmilzt das Eis?

Wer macht lautes Wetter? Wer macht es leis?

Wer bringt den Glücksklee im Juni heran?

Wer verdunkelt den Tag? Wer zündet die Mondlampe an?

Vier kleine Feldmäuse wie du und ich

wohnen im Himmel und denken an dich.

Die erste ist die Frühlingsmaus, die lässt den Regen lachen.

Als Maler hat die Sommermaus die Blumen bunt zu machen.

Die Herbstmaus schickt mit Nuss und Weizen schöne Grüße.

Pantoffeln braucht die Wintermaus für ihre kalten Füße.

Frühling, Sommer, Herbst und Winter sind vier Jahreszeiten.

Keine weniger und keine mehr. Vier verschiedene Fröhlichkeiten.«

Als Frederick aufgehört hatte, klatschten alle und riefen: »Frederick, du bist ja ein Dichter!«

Frederick wurde rot, verbeugte sich und sagte bescheiden: »Ich weiß es – ihr lieben Mäusegesichter!«

Die kleine freche Maus

Es war einmal eine kleine freche Maus,
die traute sich allerlei.
Die stellte einem Elefanten ein Bein.
Der schlug gleich einen Purzelbaum.
Einen Purzelbaum und noch zwei hinterdrein,
macht zusammen drei.

Und als der Elefant dann rief:
»Wer war das? Wer traute sich?«,
rief die kleine freche Maus:
»Dicker, das war ich!«

Solche Sachen,
man glaubt es kaum,
trieb die kleine Maus
– im Traum.

Josef Guggenmos

William Steig
Doktor De Soto

Doktor De Soto war ein hervorragender Zahnarzt, deshalb konnte er sich über Mangel an Patienten nicht beklagen. Die, die ungefähr so groß waren wie er – Maulwürfe, Backenhörnchen und so weiter –, saßen auf dem normalen Behandlungsstuhl, größere Tiere auf dem Fußboden; Doktor De Soto stand unterdessen auf einer Leiter.

Für extragroße Tiere hatte der Doktor einen besonderen Raum. Dort ließ er sich von seiner Assistentin, die zufällig auch seine Frau war, zum Maul des Patienten hochhieven.

Bei großen Tieren war Doktor De Soto besonders beliebt. Er konnte mitten in ihrem Maul arbeiten. Dabei trug er Gummistiefel, damit seine Pfoten trocken blieben. Seine Finger waren so zart, sein Bohrer so winzig, dass die Patienten so gut wie keinen Schmerz spürten.

Da er nun mal eine Maus war, weigerte er sich, Tiere zu behandeln, die Mäusen gefährlich werden konnten. Das konnte man auch auf seinem Türschild lesen. Wenn jemand klingelte, schauten seine Frau und er aus dem Fenster. Katzen hatten keine Chance, sie konnten noch so ängstlich aus der Wäsche gucken.

Doch was mussten die De Sotos eines schönen Tages sehen, als sie aus dem Fenster schauten? Einen elegant angezogenen Fuchs, der sich einen Flanellwickel um den Kopf geknotet hatte.

»Ich kann Sie nicht behandeln, bester Herr!«, rief Doktor De Soto. »Haben Sie denn mein Schild nicht gelesen?«

»Ach, bitte«, jammerte der Fuchs, »haben Sie doch Mitleid mit mir! Mir geht's hundeelend!« Und dabei schluchzte er so bitterlich, dass man's kaum mit ansehen konnte.

»Moment, bitte«, sagte Doktor De Soto. »Dieser arme Fuchs«, flüsterte er seiner Frau zu. »Was machen wir denn jetzt?«

»Riskieren wir's«, meinte Frau De Soto. Sie drückte auf den Summer und ließ den Fuchs ins Haus.

Der sprang wie ein geölter Blitz die Treppe hinauf. »Gott segne Ihr gutes

Herz!«, rief er und ging dabei in die Knie. »Ich bitte Sie, tun Sie was! Mein
Zahn bringt mich um!«

»Setzen Sie sich bitte auf den Boden«, sagte Doktor De Soto, »und nehmen
Sie schon mal den Wickel ab.«

Er kletterte die Leiter hinauf und ging mutig in das Maul des Fuchses hinein.
»Mann, oh Mann!«, sagte er und schnappte nach Luft. Der Fuchs hatte einen
total verrotteten vorderen Backenzahn und einen Mundgeruch, der einem glatt
die Stiefel auszog.

»Ich schätze, der muss raus«, teilte er dem Fuchs mit. »Aber wir können
Ihnen einen Goldzahn einsetzen.«

»Sorgen Sie nur dafür, dass der Schmerz nachlässt«, jammerte der Fuchs und wischte sich die Tränen ab. Obwohl es ihm so elend ging, war ihm klar, dass er einen leckeren Bissen im Maul hatte, und sein Unterkiefer fing an zu zittern.

»Maul auflassen!«, quiekte Doktor De Soto. »Aber ganz weit!«, quiekte seine Frau.

»Ich mach Ihnen jetzt eine Narkose«, sagte Doktor De Soto. »Wenn ich Ihnen den Zahn ziehe, spüren Sie nicht das kleinste bisschen.«

Kurz darauf befand sich der Fuchs im Land der Träume. »Mmmh, lecker«, nuschelte er, »roh hab ich sie am liebsten – mit einer Prise Salz ... Und dazu einen trockenen Weißwein.«

Die Mäuse konnten sich gut vorstellen, wovon der Fuchs träumte. Frau De Soto reichte ihrem Mann eine Holzlatte, damit das Fuchsmaul schön weit offen blieb.

Doktor De Soto befestigte seine Zahnzange an dem faulen Zahn. Dann drehten seine Frau und er gemeinsam an der Kurbel. Schließlich fluppte der Zahn mit einem schmatzenden Geräusch heraus und baumelte am Flaschenzug.

»Ich blute!«, jaulte der Fuchs, als er wieder zu sich kam.

Doktor De Soto flitzte die Leiter hinauf und stopfte etwas Mull in die Wunde. »Das Schlimmste hätten wir geschafft«, meinte er. »Ihr neuer Zahn ist morgen fertig. Ich erwarte Sie um Punkt elf Uhr.«

Der Fuchs war noch ein bisschen benommen. Er verabschiedete sich und verschwand. Auf dem Heimweg ging ihm durch den Kopf, dass es doch ziemlich schäbig von ihm wäre, die De Sotos nach getaner Arbeit aufzufressen.

Nachdem sie abends die Praxis zugesperrt hatten, modellierte Frau De Soto einen Zahn aus gediegenem Gold und polierte ihn blank. »Ja, ja«, murmelte Doktor De Soto, »roh, mit einer Prise Salz! Schön dumm von uns, uns mit einem Fuchs einzulassen.«

»Er wusste ja nicht, was er sagte«, meinte seine Frau. »Warum sollte er uns was tun? Wir helfen ihm doch.«

»Weil er ein Fuchs ist«, antwortete Doktor De Soto. »Füchse sind durch und durch falsch.«

Nachts lagen die De Sotos lange wach und machten sich ernsthaft Sorgen.

»Ob wir ihn morgen überhaupt reinlassen?«, fragte Frau De Soto.

»Wenn ich eine Arbeit anfange, bringe ich sie auch zu Ende«, antwortete der Zahnarzt mit fester Stimme. »Mein Vater war genauso.«

»Aber wir müssen uns unbedingt schützen«, sagte seine Frau. Die beiden redeten und redeten, bis sie sich einen Plan zurechtgelegt hatten.

»Ich glaube, so könnt's klappen«, sagte Doktor De Soto noch. Eine Minute danach schnarchte er schon.

Am nächsten Morgen, pünktlich um elf, tauchte der Fuchs wieder auf. Er war unheimlich gut drauf. Seine Schmerzen hatten sich in Luft aufgelöst.

Kaum war Doktor De Soto in seinem Maul, klappte er es kurz zu, öffnete es dann weit und lachte. »War bloß Spaß!«, kicherte er.

»Nehmen Sie sich zusammen«, sagte der Zahnarzt spitz, »wir haben zu arbeiten.« Seine Frau schleppte den schweren Zahn die Leiter hinauf.

»Ach, wunderbar!«, rief der Fuchs. »Der sieht ja großartig aus!« Doktor De Soto passte den Goldzahn ein und befestigte ihn mit Klammern an den beiden Nachbarzähnen.

Der Fuchs streichelte den neuen Zahn mit der Zunge. Mann, der fühlt sich gut an, dachte er. Eigentlich dürfte ich die beiden nicht auffressen. Aber andererseits: Wer kann dazu schon nein sagen?

»Das war noch nicht alles«, sagte Doktor De Soto und hielt dem Fuchs eine große Glasflasche vor die Nase. »Ich habe hier ein ganz besonderes Heilmittel, das meine Frau und ich erst kürzlich entwickelt haben. Sie brauchen's nur ein einziges Mal anzuwenden, dann sind Sie Ihre Zahnschmerzen ein für alle Mal los. Sie könnten der Erste sein, der in den Genuss dieser Spezialbehandlung kommt. Was sagen Sie dazu?«

»Ausgezeichnet!«, meinte der Fuchs. »Es wäre mir eine Ehre.« Er konnte Schmerzen einfach nicht ausstehen.

»Sie müssen sich nie mehr hierher bemühen«, sagte Doktor De Soto.

Hierher wird sich niemand mehr bemühen, sagte der Fuchs zu sich selbst. Er hatte sich mittlerweile entschlossen, die beiden mithilfe seines nagelneuen Zahns zu fressen.

Doktor De Soto betrat mit einem Eimer seiner Geheimmixtur das Maul des Fuchses und bestrich jeden einzelnen Zahn damit. Während er das tat, summte er vor sich hin. Frau De Soto stand auf der Leiter und zeigte ihm, welche Stellen er vergessen hatte. Der Fuchs machte einen sehr glücklichen Eindruck.

Als der Zahnarzt fertig war, verließ er das Maul. »Beißen Sie jetzt Ihre Zähne fest zusammen, und zwar eine volle Minute lang.« Der Fuchs tat, was der Doktor sagte. Dann versuchte er sein Maul wieder zu öffnen – doch seine Zähne klebten zusammen wie Pech und Schwefel!

»Ach ja, eins habe ich noch nicht erwähnt«, sagte Doktor De Soto, »ab jetzt können Sie einen oder zwei Tage lang Ihr Maul nicht öffnen. Das neue Mittel muss zunächst in den Zahnschmelz eindringen. Aber machen Sie sich nichts draus! Zahnschmerzen können Sie ab heute vergessen.«

Der Fuchs war völlig verdattert. Er starrte Doktor De Soto an, und dann dessen Frau. Die beiden De Sotos grinsten und warteten ab. Dem Fuchs blieb nichts anderes übrig, als zwischen den zusammengebissenen Zähnen hindurch »Schielen hertschlichen Dank« zu nuscheln und zu verschwinden. Er versuchte dabei ganz cool zu bleiben.

Dann stapfte er ziemlich benommen die Treppe hinunter.

Doktor De Soto und seine Assistentin hatten den Fuchs überlistet. Sie gaben einander einen Kuss und nahmen sich für den Rest des Tages frei.

Leo Tolstoi
Die Mäuse

Die Katze machte den Mäusen das Leben immer schwerer. Kein Tag verging, ohne dass sie zwei oder drei von ihnen verspeiste. Eines Tages kamen die Mäuse zusammen und berieten, wie sie sich vor der Katze schützen sollten. Sie berieten hin, berieten her, konnten aber nichts ersinnen.

Da sagte eine junge Maus: »Ich will euch erklären, wie wir uns vor der Katze retten können. Unser Unglück ist doch, dass wir nicht merken, wenn sie zu uns kommt. Man muss der Katze ein Glöckchen um den Hals hängen. Dann werden wir jedes Mal, wenn sie in unserer Nähe ist, das Glöckchen klimpern hören und fliehen.«

»Das wäre sehr schön«, antwortete eine alte Maus, »nur muss sich jemand finden, der das Glöckchen der Katze umhängt. Ausgedacht hast du das gut, aber hänge erst mal der Katze ein Glöckchen um den Hals, dann werden wir dir Dank sagen.«

Grégoire Solotareff
Nachrichten für Paul Maulwurf

»Fang mich doch, fang mich doch!«, hatte Josefine geschrien, bevor sie mitten auf dem Feld in einem Loch verschwunden war.

Sophie hatte ihre Freundin wohl gehört, aber als sie den Kopf hob und die Ohren spitzte, war Josefine weder zu sehen noch zu hören. Diese riesigen fuchsroten Pferde, die dalagen wie Robben, waren zwar da, und auch Jeremias Häher, der den Mücken hinterherjagte und dabei kreischte wie ein Idiot, aber keine Josefine! Wie hatte sie einfach so verschwinden können, von einer Sekunde auf die nächste?, fragte sich Sophie. Das war ja wie verhext!

Sie suchte aufmerksam alles ab und entdeckte nach kurzer Zeit zwischen den hohen Gräsern ein Loch in der Erde.

Hier ist es!, sagte sie sich. Sie näherte sich dem Loch und schwups! war sie nun ihrerseits darin verschwunden.

Genau genommen verschwand sie nicht wirklich. Sie rutschte das Loch hinunter und traf etwas weiter unten auf Josefine, in Gesellschaft von Paul Maulwurf.

Paul war dick und ziemlich alt. Er grub hie und da Löcher im Feld und wartete darauf, dass jemand hineinfiel und ihm Neuigkeiten von der Welt draußen brachte. Er sah zwar schon seit langem überhaupt nichts mehr, wollte aber auf dem Laufenden bleiben über das, was sich draußen abspielte, ohne zu riskieren, Lukas Sperber oder Jo Bussard in die Klauen zu geraten. Also war er auf dieses System verfallen, um wenigstens einmal am Tag Neuigkeiten zu hören. Es war ein bisschen so, als ob er sich die Zeitung ins Haus kommen ließ.

»Na, ihr beiden Hübschen. Das ist aber lieb von euch, dem alten Paul Guten Tag zu sagen. Nun, was gibt's Neues da oben? Erzählt!«

Sophie und Josefine, die von ihrem Fall noch etwas unter Schock standen, sahen sich an und brachen vor lauter Nervosität in Gelächter aus. Paul Maulwurf, der glaubte, dass man sich wegen seiner Gebrechlichkeit über ihn lustig machte – was ganz und gar nicht der Fall war –, zog sich gekränkt ans Ende seines Stollens zurück.

Sophie und Josefine nahmen die Gelegenheit wahr, an die Oberfläche zurückzuklettern und nach Hause zu flitzen.

Und Paul Maulwurf bekam an diesem Tag keine Neuigkeiten zu hören.

Ludvík Askenazy
Hasen pfeifen nicht

Es gibt Freundschaften und Freundschaften.

Ein Hase sagte sich einmal: »Ich muss ein Murmeltier kennen lernen. Vielleicht kann es mir das Pfeifen beibringen. Ich hätte manchmal gerne gepfiffen.«

Überall fragte er in den Bergen herum: »Weiß jemand, wo man Bekanntschaft mit einem Murmeltier machen kann? Wohin soll man sich da wenden?«

Alle sagten: »Da musst du wirklich großes Glück haben. Ein Murmeltier will nämlich keine Bekanntschaft machen. Denn Murmeltiere sind ausgesprochene Einzelgänger.«

»Wir doch auch«, sagte der Hase.

Er suchte so lange nach einem Murmeltier, bis er endlich im Sommer eines fand.

Zuerst war das Murmeltier sehr vorsichtig, weil Murmeltiere niemandem trauen. Aber eines Tages sagte es sich: »Ich bringe ihm das Pfeifen bei. Er wird es sowieso nie lernen.«

Der Hase war sehr begabt. Aber mit dem Pfeifen ging es bei ihm wirklich nicht.

»Du«, sagte er zum Murmeltier, »ich bin so traurig. Aber mit dem Pfeifen wird es bei mir nicht gehen. Es wäre so schön, wenn ich, obwohl ich ein Hase bin, hin und wieder einen Pfiff hervorbringen könnte.«

Er weinte ein bisschen, und das Murmeltier sagte: »Es muss doch nicht jeder pfeifen können.«

Der Hase war von seinem Wunsch so besessen, dass er auf einen Kohlkopf schrieb: »Wer bringt mir das Pfeifen bei? Biete gute Belohnung.«

Aber weil er sehr vergesslich war, hat er den Kohlkopf noch am selben Tag gefressen.

Er wollte immer wieder mal ein Murmeltier ansprechen.

Aber so was gelingt nur einmal.

hasen-ode

hasen in hosen
lasen in losen
assen aus dosen
sassen in sossen

grasen im grossen
rasen in rosen
blasen mit blossen
nasen in moosen

aasen in posen
gasen und tosen
vergassen zu kosen
die hasen in hosen
Gerhard Rühm

Äsop

Der Hase und die Schildkröte

»Was für ein faules, langsames Geschöpf ist diese Schildkröte«, sagte ein Hase. »Und gleichwohl«, versetzte die Schildkröte, »will ich mit dir um die Wette laufen.«

Die Wette ward geschlossen, und der Fuchs sollte Richter sein. Sie machten sich zugleich auf, und die Schildkröte kroch immer ihren Weg fort, bis sie das vorgesteckte Ziel erreichte. Der Hase hingegen wollte zeigen, wie sehr er seinen Mitwerber verachte, und hüpfte bald da, bald dort hin, bis er ganz ermüdet

94

war und sich ungefähr auf der Hälfte des Weges unbekümmert niederlegte, um ein wenig auszuschlafen; denn, dachte er, ich kann ja die Schildkröte einholen, sobald als ich will. Allein er verschlief die rechte Zeit; denn als er aufwachte und nun aus allen Kräften zu laufen anfing, war die Schildkröte schon an dem Ziele und hatte die Wette gewonnen.

Die Lehre dieser Fabel: »Auf und arbeite!« ist ein erbaulicher Zuruf. Denn die Tätigkeit ist die Seele unseres Lebens, und wir dürfen uns nicht versprechen, beizeiten ans Ziel zu kommen, wenn wir uns unter Weges ruhig aufs Ohr legen.

Von Tieren im Wald und in der Wildnis

Max Bolliger

Kleines Glück und Wilde Welt

In einer Höhle am Waldrand lebten zwei junge Füchse. Der eine war mutig, der andere ängstlich.

Lange Zeit lebten sie in Eintracht zusammen. Aber eines Tages zog es den mutigen Fuchs in die Welt hinaus.

»Ich habe genug von dieser Höhle«, sagte er zu dem ängstlichen Fuchs. »Ich habe genug von diesem Waldrand, von diesem täglichen Einerlei. Ich möchte die Welt entdecken. Komm mit!«

»Nein«, sagte der ängstliche Fuchs, »ich bleibe lieber zu Hause.«

Der mutige Fuchs lachte ihn aus und nannte ihn einen Hasen. Das ist das Schlimmste, was ein Fuchs dem andern sagen kann.

Also machte sich der mutige Fuchs allein auf den Weg.

Am ersten Tag streifte er durch den Wald.

Am zweiten Tag jagte er einen kleinen Hasen.

Am dritten Tag schlich er sich an einen Bauernhof heran.

Am vierten Tag verschlang er zwei gackernde Hühner.

Am fünften Tag kämpfte er gegen einen alten Dachs.

Am sechsten Tag hörte er das Knallen einer Flinte.

Am siebten Tag aber verfolgte ihn ein bellender Hund bis vor seine Höhle.

99

Der ängstliche Fuchs war unterdessen allein zurückgeblieben.

Am ersten Tag fühlte er sich einsam.

Am zweiten Tag fing er an, einen neuen Ausgang zu graben.

Am dritten Tag schnupperte er an einer Blume vor seiner Höhle.

Am vierten Tag schnappte er nach einem bunten Schmetterling.

Am fünften Tag erwischte er einen kleinen Vogel.

Am sechsten Tag freute er sich über das raschelnde Herbstlaub.

Am siebten Tag aber war der neue Ausgang fertig, und er machte es sich in seiner Höhle gemütlich.

Doch in diesem Augenblick kam der mutige Fuchs durch den neuen Eingang gestolpert. Keuchend drückte er sich in eine Ecke.

Er zitterte am ganzen Körper. Sein Fell war zerzaust, und er blutete aus der Nase. Erst als er sich ein wenig beruhigt hatte, merkte er, dass er sich wieder in der alten Höhle befand. Der neue Eingang hatte ihm das Leben gerettet.

Der ängstliche Fuchs freute sich, dass der mutige Fuchs den Weg zu ihm zurückgefunden hatte.

Der mutige Fuchs erzählte ihm, was er erlebt hatte, von seinen Abenteuern, von Hasen und Hühnern, von Dachsen, von knallenden Flinten und bellenden Hunden.

Der ängstliche Fuchs aber zeigte ihm, was er beim Bau des neuen Ausgangs alles entdeckt hatte, die Blume vor der Höhle, den bunten Schmetterling, kleine Vögel und raschelndes Herbstlaub.

Der mutige Fuchs staunte. Er schämte sich, dass er den ängstlichen Fuchs einen Hasen genannt hatte.

Wenn du aber glaubst, der mutige Fuchs sei von nun an zu Hause geblieben, täuschst du dich. Von Zeit zu Zeit zog es ihn in die Welt hinaus, und nichts und niemand konnte ihn zurückhalten.

Dann träumte der ängstliche Fuchs wieder allein in seiner Höhle von Hasen und Hühnern, von Dachsen, von knallenden Flinten und bellenden Hunden.

Der mutige Fuchs aber sehnte sich in der Ferne nach einer Blume, nach einem bunten Schmetterling, nach kleinen Vögeln und raschelndem Herbstlaub.

Vor allem aber sehnte er sich nach dem ängstlichen Fuchs, der in einer gemütlichen Höhle auf ihn wartete.

Günter Bruno Fuchs

Entdeckung der Bärenhöhle

Der große Bär und der kleine Bär besuchen eine Höhle, die sie noch nie gesehen haben. In der Höhle hebt der kleine Bär einen Stein auf und wirft ihn tief
in die Höhle.

»Aua!«, ruft die Höhle. »Was wirfst du da?«

Der kleine Bär ruft zurück: »Ich bin der
kleine Bär, neben mir steht der große Bär!«

»Gut«, sagt die Höhle, »ab
heute heiße ich Bärenhöhle.«

Ein Brombär, froh und heiter, schlich
durch einen Wald. Da traf es sich,
dass er ganz unerwartet, wie's
so kommt, auf einen Himbär stieß.

Der Himbär rief – vor Schrecken rot –:
»Der grüne Stachelbär ist tot!
Am eignen Stachel starb er eben!«
»Ja«, sprach der Brombär, »das soll's geben!«
und trottete – nun nicht mehr heiter –
weiter …

Doch als den »Toten« er nach Stunden
gesund und munter vorgefunden,
kann man wohl zweifelsohne meinen:
Hier hat der andre Bär dem einen
'nen Bären aufgebunden!

Heinz Erhardt

Gina Ruck-Pauquet
In jedem Wald ist eine Maus, die Geige spielt

In einem sehr kleinen Wald wohnte einmal ein sehr kleiner Bär. Mit ihm lebten eine Maus, ein Eichhörnchen und ein Rabe. An sonnigen Tagen spielte die Maus auf einer winzigen Geige, und der Bär tanzte dazu. Und nachts schliefen sie alle und schnarchten. Jeder in einer anderen Tonart.

Es hätte ruhig so bleiben können, denn es war sehr schön. Aber leider geschah etwas Unerwartetes: Der Bär wuchs. Zuerst wurde er nur ein kleines bisschen größer, und das wäre ja nicht so schlimm gewesen. Aber dann wurde er noch ein bisschen größer und noch ein bisschen, und da war er schon ziemlich groß.

»Hör auf zu wachsen!«, sagte die Maus. »Es wird eng im Wald.«

»Ich kann nicht aufhören«, entgegnete der Bär und machte ein unglückliches Gesicht.

Tatsächlich wuchs er wieder ein Stück.

»Du bist viel zu groß!«, schimpfte das Eichhörnchen. »Wenn du hustest, wackeln die Bäume.«

Und der Rabe flog nur noch in der Luft herum, weil unten kein Platz war.

»Es muss etwas geschehen!«, jammerte die Maus. »Ich kann die Beine nicht mehr ausstrecken.«

Aber der Bär wurde immer noch größer. Als er endlich aufhörte zu wachsen, war er so groß, dass er an allen Seiten aus dem Wald herausquoll. Und wenn es regnete, wurde er nass.

»Du musst ausziehen«, sagten die anderen Tiere.

Und der Rabe, der alles von oben betrachtete und daher einen Teil der Welt übersah, meinte: »Jenseits der Stadt liegt ein großer Wald. Dahin solltest du gehen.«

Da küsste der Bär der Maus die Pfote, winkte dem Eichhörnchen und dem Raben zu und machte sich auf. Er ging sehr langsam. Und manchmal blieb er stehen und seufzte.

Die Spatzen, die in den Bäumen saßen, lachten über ihn. Spatzen sind oft albern.

Der Bär aber trottete weiter, bis er in die Stadt kam.

»Bitte, wo geht es zum großen Wald?«, fragte er einen Mann mit einem Fahrrad.

»Guten Tag, Bär«, entgegnete der Radfahrer höflich. »Steigen Sie auf!«

Da schwang sich der Bär hinten aufs Fahrrad, und der Mann radelte los.

»Links ist der Fledermausturm«, rief er, »und rechts der Krötenfluss! Ich zeige Ihnen die ganze Stadt.«

Aber der Bär wollte die Stadt nicht sehen. So stieg er an einer Kreuzung unbemerkt ab. Der Schupo hielt alle Autos zurück, damit der Bär die Straße überqueren konnte. Die Leute zogen die Hüte. Manche schüttelten dem Bären die Pranke. Einfach so, im Vorbeigehen.

»Wo geht es zum großen Wald?«, fragte der Bär eine Frau.

»Oh«, sagte die Frau, »wie schön, Sie zu treffen!«

Sie hakte den Bären unter und nahm ihn mit zum Damenkränzchen.

Da saß nun der Bär auf einem Plüschsofa mit Fransen. Es gab Butterkremtorte und Tee.

Obwohl ein honiggelber Wellensittich fröhliche Lieder sang, war der Bär sehr unglücklich. Und aus der Tasse trinken konnte er auch nicht. So machte er sich vorsichtig auf die Tatzen und sprang aus dem Fenster hinaus.

Er kletterte an einer Laterne hoch und schaute sich um. Den großen Wald konnte er nirgends entdecken.

»Hallo, Bär!«, riefen ein paar Leute. »Sie sind eingeladen. Wir feiern ein Fest!«, und zerrten ihn mit.

Der Bär musste mit ihnen tanzen, und die Musik spielte dazu. Alle waren fröhlich, nur der Bär nicht.

»Wo geht es in den großen Wald?«, fragte er.

Doch die Leute lachten. Ein Mädchen steckte ihm eine Blüte ins Fell. Da pustete der Bär die Kerzen aus und machte sich in der Dunkelheit davon.

Lange lief er durch die nächtlichen Straßen.

»Wo ist der große Wald?«, rief er. »Wo ist der große Wald?«

Aber er bekam keine Antwort. Da wurde der Bär traurig. Er war der traurigste Bär der Welt. Und das will schon etwas heißen, denn auf der Erde gibt es mindestens hunderttausendunddrei Bären.

Er setzte sich an den Krötenfluss und machte die Augen zu. Wenn man nämlich die Augen schließt, bleibt die Welt draußen, und das ist manchmal sehr angenehm.

Im Krötenfluss schwamm der Mond. Vielleicht war es auch nur das Spiegelbild des Mondes. Und ein paar Sterne schwammen da auch, den einen schluckte ein Fisch.

Der Bär saß ganz still. Er bemerkte nicht einmal die Nachtfalter, die um seine Nase tanzten …

»Guten Abend, Bär!«, rief da plötzlich jemand.

Es war ein kleiner Junge in einem Schlafanzug. Er hockte sich neben den Bären und spielte ein bisschen auf seiner Mundharmonika.

»Wohnst du hier?«, fragte er dann.

»Nein«, brummte der Bär. »Ich suche den großen Wald. Aber ich werde ihn niemals finden.«

»Der große Wald ist nicht weit«, sagte der Junge. »Bei der nächsten Laterne rechts, dann fünfundfünfzig Schritte links und immer geradeaus.«

Da umarmte der Bär den Jungen. Ganz vorsichtig natürlich, Bären sind furchtbar stark und kleine Jungen ziemlich zerbrechlich.

»Ich danke dir!«, rief der Bär, »ich danke dir. Leb wohl!«, und machte sich auf den Weg.

Als der Bär in den großen Wald kam, traf er ein Eichhörnchen und einen Raben.

»Es ist wie zu Hause«, sagte der Bär und war sehr glücklich. »Aber gibt es auch eine Maus, die Geige spielt?«

»In jedem Wald gibt es eine Maus, die Geige spielt«, entgegneten die beiden. »Man muss sie nur finden.«

Da ging der Bär in den grünen, duftenden Wald hinein und begann zu suchen.

Hans Manz
Ein Bär auf der Jagd

Es ist kein Märchen: Es war einmal ein Bärchen, dem fehlten auf dem Kopfe Härchen.

Im Ernst: Als der Bär auf die Welt kam, hatte er ein wunderschönes Fell, um und um, nur oben, auf dem höchsten Hügel des Kopfes, war ein nackter, kreisrunder Fleck. »Herrje, eine Glatze!«, sagte der Vater. »Das Haar wird bestimmt noch wachsen, es hat ja noch Zeit«. Aber es wuchs nicht, auch mit der Zeit nicht.

Da legte die Mutter Wurzeln auf den nackten Fleck: Meerrettiche, Baumwurzeln, Löwenzahnwurzeln, Bärenklauwurzeln. »Aus den Wurzeln wächst alles empor«, sagte die Mutter, »das muss doch helfen!« Aber es half nicht. Die Mutter rieb mit Regenwasser ein. »Regenwasser bringt alles zum Wachsen.« Nichts. Sie rieb Hühnermist ein. »Die Menschen brauchen ihn auch für das Wachstum der Pflanzen.« Nichts. Da spuckte der Bruder des Bären in den bloßen Kreis. »Entschuldige!«, sagte der Bruder. »Es musste sein. Wo ich hinspucke, gedeiht immer etwas.« Auf dem Bärenkopf gedieh aber nichts.

»Es ist nur halb so schlimm«, sagte die Mutter, »trag eine Kappe!« Aber der Bär trug sie nur, wenn es kalt war. Im Sommer nahm er sie ab, erstens, weil es zu heiß war, und zweitens, weil ihn alle Bären genauso merkwürdig anstarrten, wie wenn sie den unbehaarten Fleck sahen.

»Hilf dir selbst! Ein guter Bär weiß sich immer zu helfen!«, sagte der Vater. »Jag dir ein Tier, zieh ihm das Fell über die Ohren. Wir kleben's dir dann auf den Kopf.«

»Mit Spucke«, sagte der Bruder.

Der Bär ging hinaus in den Wald und begegnete einem Tiger, der gewaltig fauchte und sich sprungbereit machte. Schwupp! war der Bär schon weg und rannte ins Haus.

»Hast du nichts gejagt?«, fragte die Mutter. »Nein, im Wald ist nur ein Tiger gewesen, und den mochte ich nicht fangen. Ich will keine Streifen auf dem Kopf.«

Am nächsten Tag ging der Bär wieder in den Wald auf die Jagd, sah von weitem einen Wolf kommen, der sich die Lippen leckte. Der Bär machte sich schleunigst aus dem Staube und lief heim. »Hast du nichts gejagt?«, fragte die Mutter. »Nein, ich habe nur einen Wolf getroffen, und den mochte ich nicht fangen. Er hatte graue und weiße Haare im Fell. So alt möchte ich noch nicht aussehen.«

Bei der nächsten Jagd stand plötzlich ein Fuchs vor ihm und riss das Maul auf. Der Bär war schneller und kam ohne Schaden daheim an. »Hast du wieder nichts gejagt?«, fragte der Bruder. »Nein. Ich habe nur einen Fuchs gesehen, und den mochte ich nicht fangen. Er hat nach faulem Fleisch gerochen. Ich will keinen Gestank auf dem Kopf.«

»Das ist mein letzter Versuch«, sagte der Bär, als er am nächsten Tag nochmals in den Wald ging. Er traf niemanden an und kam immer tiefer in den Wald hinein, stöberte durchs Unterholz, kroch in Büsche hinein, kletterte auf einen Baum. Da schlief auf der zweitobersten Astgabel ein Eichhörnchen, und sein Fell hatte die gleiche Farbe wie der Bärenpelz.

»Da haben wir's ja!«, sagte der Bär, rieb sich vor Freude die Pfoten, erhob sich dann, um das Eichhörnchen zu erschlagen. Das Eichhörnchen öffnete ein Auge, blinzelte den Bären freundlich und ohne Angst an. »Entschuldige!«, sagte der Bär. »Es muss nicht sein. Ich will kein schlechtes Gewissen auf dem Kopf.« Er nahm die Pfoten herunter, gab eine dem Eichhörnchen und kletterte wieder den Stamm hinunter. Er setzte sich ins Moos, lehnte sich an den Baum, und weil er vom Jagen müde war, schlief auch er ein.

Da kam eine Haselmaus daher, eine Haselmausmutter mit einem sehr dicken Bauch, huschte an dem Bärenbein entlang, krabbelte über den Arm und die Schulter auf den Bärenkopf. »Hoppla!«, sagte sie. »Dieses Plätzchen ist ja wie geschaffen für mich. Es ist zwar nicht weich, aber ringsum hübsch warm.« Sie rupfte sich Haare aus, polsterte den nackten Kreis aus, machte sich's bequem und legte die Jungen ab.

Als der Bär erwachte, kribbelte es so eigenartig auf seinem Kopf. Er langte nach seinem blanken Fleck – wie er meinte – und spürte, dass da eine große Maus war und vier kleine Mäuse, die sich nackt anfühlten. Er erhob sich sehr, sehr sorgfältig, ging Schritt für Schritt nach Hause.

Da staunten die Mutter, der Vater, der Bruder. »Jetzt hast du ja Haare auf dem Kopf!«, sagten sie. Der Bär schlief nur noch aufrecht auf Stühlen, bis die Jungen aus dem Kreisfleck krochen, über die Schulter und den Bärenarm hinunterkrabbelten und hinter der Mutter her übers Bärenbein davonliefen in den Wald hinaus.

Nach und nach wehte der Wind die Polsterhaare, die Maushaare wieder vom Bärenkopf. »Eigentlich bin ich ganz zufrieden mit meiner Glatze«, sagte der Bär. »Vielleicht kann sie wieder einmal jemand gebrauchen.«

Peter Hacks
Der Bär auf dem Försterball

Der Bär schwankte durch den Wald, es war übrigens Winter; er ging zum Maskenfest. Er war von der besten Laune. Er hatte schon ein paar Kübel Bärenschnaps getrunken; den mischt man aus Honig, Wodka und vielen schwierigen Gewürzen.

Des Bären Maske war sehr komisch. Er trug einen grünen Rock, fabelhafte Stiefel und eine Flinte auf der Schulter; ihr merkt schon, er ging als Förster.

Da kam ihm, quer über den knarrenden Schnee, einer entgegen: auch im grünen Rock, auch mit fabelhaften Stiefeln und auch die Flinte geschultert. Ihr merkt schon, das war der Förster.

Der Förster sagte mit einer tiefen Bassstimme: »Gute Nacht, Herr Kollege, auch zum Försterball?«

»Brumm«, sagte der Bär, und sein Bass war so tief wie die Schlucht am Weg, in die die Omnibusse fallen.

»Um Vergebung«, sagte der Förster erschrocken, »ich wusste ja nicht, dass Sie der Oberförster sind.«

»Macht nichts«, sagte der Bär leutselig.

Er fasste den Förster unterm Arm, um sich an ihm festzuhalten, und so schwankten sie beide in den Krug zum zwölften Ende, wo der Försterball stattfand.

Die Förster waren alle versammelt. Manche Förster hatten Geweihe, die sie vorzeigten, und manche Hörner, auf denen sie bliesen. Sie hatten alle lange Bärte und geschwungene Schnurrbärte, aber die meisten Haare im Gesicht hatte der Bär.

»Juhu«, riefen die Förster und hieben den Bären kräftig auf den Rücken.

»Stimmung«, erwiderte der Bär und hieb die Förster auf den Rücken, und es war wie ein ganzer Steinschlag.

»Um Vergebung«, sagten die Förster erschrocken, »wir wussten ja nicht, dass Sie der Oberförster sind.«

»Weitermachen«, sagte der Bär. Und sie tanzten und tranken und lachten; sie sangen, sie hätten so viel Dorst im grünen Forst. Ich weiß nicht, ob ihr es schon erlebt habt, in welchen Zustand man gerät, wenn man so viel tanzt und trinkt, lacht und singt.

Die Förster gerieten in einen Tatendrang und der Bär mit ihnen; der Bär sagte: »Wir wollen jetzt ausgehn, den Bären schießen.«

Da streiften sich die Förster ihre Pelzhandschuhe über und schnallten sich ihre Lederriemen fest um den Bauch; so strömten sie in die kalte Nacht.

Sie stapften durchs Gehölz. Sie schossen mit ihren Flinten in die Luft. Sie riefen Hussa und Hallihallo und Halali, wovon das eine so viel bedeutet wie das andere, nämlich gar nichts, aber so ist das Jägerleben.

Der Bär riss im Vorübergehn eine Hand voll trockener Hagebutten vom Strauch und fraß sie.

Die Förster riefen: »Seht den Oberförster, den Schelm«, und fraßen auch Hagebutten und wollten sich ausschütten vor Spaß.

Nach einer Weile jedoch merkten sie, dass sie den Bären nicht fanden. »Warum finden wir ihn nicht?«, sagte der Bär. »Er sitzt in seinem Loch, ihr Schafsköpfe.«

Er ging zum Bärenloch, die Förster hinterdrein. Er zog den Hausschlüssel aus dem Fell, schloss den Deckel auf und stieg hinunter, die Förster hinterdrein.

»Der Bär ist ausgegangen«, sagte der Bär schnüffelnd, »aber es kann noch nicht lange her sein, es riecht stark nach ihm.« Dann torkelte er zurück in den Krug zum zwölften Ende und die Förster hinterdrein.

Sie tranken gewaltig nach der Anstrengung, aber die Menge, die der Bär trank, war wie ein Schmelzwasser, das die Brücken fortreißt. »Um Vergebung«, sagten die Förster erschrocken. »Sie sind ein großartiger Oberförster.«

Der Bär sagte: »Der Bär steckt nicht im Walde, und der Bär steckt nicht in seinem Loch; es bleibt nur eins, er steckt unter uns und hat sich als Förster verkleidet.«

»Das muss es sein«, riefen die Förster, und sie blickten einander misstrauisch und scheel an.

Es war aber ein ganz junger Förster dabei, der einen verhältnismäßig kleinen Bart hatte und nur wenige Geweihe und überhaupt der Schwächste und Schüchternste war von allen. So beschlossen sie, dieser sei der Bär.

Sie krochen mühsam auf die Bänke, stützten ihre Bärte auf die Tische und langten mit den Händen an der Wand empor. »Was sucht ihr denn?«, rief der junge Förster. »Unsere Flinten«, sagten sie, »sie hängen leider an den Haken.«

»Wozu die Flinten«, rief der junge Förster. »Wir wollen dich doch schießen«, antworteten sie, »du bist doch der Bär.«

»Ihr versteht überhaupt nichts von Bären«, sagte der Bär. »Man muss untersuchen, ob er einen Schwanz hat und Krallen an den Tatzen«, sagte der Bär. »Die hat er nicht«, sagten die Förster, »aber, potz Wetter!, Sie selbst haben einen Schwanz und Krallen an den Tatzen, Herr Oberförster.«

Die Frau des Bären kam zur Tür herein und war zornig. »Pfui Teufel«, rief sie, »in was für Gesellschaft du dich herumtreibst!« Sie biss den Bären in den Nacken, damit er nüchterner würde, und ging mit ihm weg.

»Schade, dass du so früh kamst«, sagte der Bär im Walde zu ihr, »eben hatten wir ihn gefunden, den Bären. Na, macht nichts. Andermal ist auch ein Tag.«

Alberto Moravia
Eine schöne Ameise ist einen Kaiser wert

Vor einer Milliarde Jahren ging in Brasilien ein Ameisenbär, ein hochnäsiger Einzelgänger, gemächlich durch den Urwald und suchte wie gewöhnlich nach einem schönen Ameisenhaufen für sein Frühstück, so ungefähr tausend Ameisen als Milchkaffee. Aber da hörte er auf einmal, dass ihn jemand rief: »He, Meisenbär, he, Meisenbär.« Er senkte den Blick und sah eine Ameise, die auf einen Grashalm geklettert war und mit einem Beinchen winkte. Der Ameisenbär brummte unwirsch: »Erstens heiße ich Ameisenbär. Und außerdem habe ich Anrecht auf Titel: Graf von und zur Ameise, Fürst der Ameisenhaufen, Baron vom Ameisenkribbeln. Also nenne mich allerwenigstens Eure Exzellenz.« Sofort schrie die Ameise: »Eure Exzellenz, Herr Ameisenbär, wir sind zusammengetreten und haben beschlossen, dich zum König zu ernennen.« »König von was?« »Zum König der Ameisenhaufen.« »Wirklich nur König?« »Gut, sagen wir: Kaiser.« »Wirklich nur Kaiser?« Die Ameise kratzte sich am Kopf und sagte schließlich: »Dann sagen wir also Superkaiser. Ist dir das recht?«

Um diese Ernennung zu verstehen, muss man wissen, dass der Ameisenbär der Todfeind der Ameisenhaufen war. Mit seiner Zunge, die so lang war, dass sie in seinem Mund nur zusammengerollt wie ein Metermaß liegen konnte, holte er sich, blitzartig leckend, mir nichts dir nichts ein Milliönchen Ameisen. In ihrer Verzweiflung waren die Ameisen nach vielen Diskussionen schließlich auf folgende Idee gekommen: »Wir ernennen den Ameisenbär zum Herrn der Ameisenhaufen, dann frisst er uns nicht mehr auf. Denn wo hat man je einen König gesehen, der seine eigenen Untertanen auffrisst?«

Wie schon klar: Der Ameisenbär war sehr, sehr eitel. Als er hörte, man wolle ihn zum Superkaiser machen, begann er schwach zu werden. Trotzdem warf er ein: »Also gut, ich werde euer Superkaiser sein. Selbstverständlich werde ich euch zum Dank dafür nicht mehr auffressen. Aber wovon soll ich dann leben? Was soll ich fressen?« Die Ameise beruhigte ihn: »Wir werden täglich für deine Nahrung sorgen, wir werden einen Berg Beeren, Wurzeln, Sprossen, Knollen und so weiter für dich vorbereiten. Du wirst schlemmen wie noch nie!«

»Aber auf diese Weise«, sagte der Ameisenbär missmutig, »macht ihr einen Vegetarier aus mir.«

»Na und? Das tut dir bestimmt gut. Außerdem hast du dann einen leichteren Stuhlgang. Jetzt hast du doch immer Verstopfung: Beim Kacken brüllst du immer so laut, dass der ganze Wald aufwacht.«

Der Ameisenbär tat, als hätte er nichts gehört, und antwortete: »Schon gut; ich nehme an. Aber denkt daran: Ich verlange Pünktlichkeit in der Lieferung der Beeren und der Wurzeln.«

»Keine Sorge, du kannst dich auf uns verlassen.«

»Und die Krönung zum Superkaiser, wann wollt ihr die feiern?«

»So bald wie möglich, sobald wir die unerlässlichen Vorbereitungen getroffen haben.«

Aber als er eines Tages, von Wurzeln und Beeren aufgebläht, in seiner Höhle schlummerte, drang plötzlich ein schrilles Gelächter an sein Ohr. Ein merkwürdiges Gelächter; der Ameisenbär hatte den Eindruck, als würde über ihn gelacht. Er drehte sich: In der Lichtung vor seiner Höhle war weit und breit niemand zu sehen; nur im Gras das übliche Hin und Her der Ameisen, die nun sicher ihrer Wege gingen, seit der Ameisenbär zum Superkaiser ernannt war. Der Ameisenbär fragte: »Wer lacht da über mich?«

Ein kreischendes Stimmchen antwortete: »Ich.«

»Wer ich?«

»Deine Base, der Ameisenlöwe.«

Den Ameisenbär schüttelte es vor Unbehagen. Er wusste nur zu gut, wer dieser Ameisenlöwe war: ein mickriges, unangenehmes Insekt, das sich am Ende eines Lochs mit Sandwänden versteckt hielt. Sowie eine Ameise in das Loch fiel, wurde sie von dem Ameisenlöwen gepackt und aufgefressen. Der Ameisenbär hatte den Ameisenlöwen immer verachtet: Mit allen seinen Tricks und trotz seiner Geduld schaffte er es nur, am Tag ein knappes Dutzend Ameisen zu verspeisen; während er mit einem einzigen Zungenschlag tausend verschlang. Er sagte unangenehm berührt: »Erstens sind wir überhaupt keine Vettern. Und außerdem: Was gibt es eigentlich zu lachen?«

Der Ameisenlöwe antwortete: »Ich lache über dich, weil du wegen eines windigen Titels auf das Beste verzichtet hast, was es auf der Welt gibt. Kennst du das Lied?«

»Nein, und ich möchte es auch nicht kennen lernen.«

»Hör mal:

Eine schöne Ameise,
fett und wohlgenährt,
ist mehr als der Lorbeer
aller Kaiser wert.

Gereizt schrie der Ameisenbär: »Wer hat denn das erfunden?«

»Ist dir eigentlich klar, wie gut eine Ameise schmeckt?«, antwortete der Ameisenlöwe. »Ist dir das eigentlich klar? Gebraten, gesotten, in der Pfanne, mit Tomatensoße oder sogar roh mit Olivenöl und Zitrone? Ist dir das eigentlich klar?«

Rasend vor Wut ließ der Ameisenbär seine Zunge in das Loch schnellen, um den Ameisenlöwen wegzulecken. Aber er kam zu spät. Das schlaue Insekt hatte sich schon unter der Erde vergraben; dem Ameisenbär blieb nur ein Haufen Sand auf der Zunge.

Es kam der Tag der Kaiserkrönung, und der Ameisenbär setzte sich auf den Thron: einen eigens für ihn ausgehöhlten und mit Moos verkleideten Baum. Zuallererst trat der Zeremonienmeister vor und sprach: »Majestät, nun folgt die feierliche Vorstellung des ganzen Ameisenhaufens. Wir beginnen mit den Ministern, die bekanntlich nach dem Superkaiser die wichtigsten Bürger sind.«

Der Zeremonienmeister trat zur Seite, und die Minister traten vor den Thron und verneigten sich. Der Ameisenbär wunderte sich über ihre Zahl, es waren nämlich im Ganzen dreißig. Minister aller Arten: der Verkehrsminister (die Ameisen machen ja nichts anderes, als Sachen zu transportieren); der Minister für die Zimmer und Korridore (ein Ameisenhaufen ist voller Zimmer und

Korridore); der Sparminister (die Ameisen sind bekanntlich sehr geizig); der Vorratsbeschaffungsminister (in einem Ameisenhaufen sind jede Menge Vorräte), der Kriegsminister (die Ameisen sind sehr kämpferisch); und so weiter und so fort. Es fehlte nicht einmal, man stelle sich vor, der Minister für die Beziehungen zum Ameisenbär, ein Amt, das jetzt nützlicher wurde denn je. Der Ameisenbär schaute sie alle an und dachte sich: »Was soll ich mit allen diesen Ministern anfangen? Der einzige Minister, den ich wirklich brauche, ist der für Vorratsbeschaffung. Wozu die anderen gut sein sollen, weiß ich nicht, und darum fresse ich sie auf.« Das zu denken, blitzartig die Zunge auszustrecken und mit einem Zungenschlag alle Minister, außer einem, vom Platz zu holen, war für den Ameisenbär ein Einziges. Mmmm, das schmeckte! Er schnalzte mit der Zunge und schrie: »Die anderen mögen vortreten!«

Der Zeremonienmeister hatte das ganze Kabinett im Mund des Ameisenbärs verschwinden sehen. Aber er war Zeremonienmeister und musste vorgehen, wie es sein Amt verlangte. Also sagte er: »Und jetzt, Majestät, Eure Leibwache.«

Man hörte einen Trommelwirbel, und ungefähr hundert ausgewählte Soldaten traten einen Schritt nach vorne. Der Ameisenbär dachte: »Was soll ich mit einer Leibwache anfangen? Ich verteidige mich schon selbst. Ich brauche eigentlich nur den Trommelspieler, der mit seiner Trommel meine Ankunft bekannt macht. Alle anderen fresse ich mit einem Biss.« Gesagt, getan: Er entrollte seine Zunge, und mit ein paar Mal Lecken holte er sich die gesamte Leibwache in den Mund. Das missfiel dem Zeremonienmeister, und er versuchte zu hüsteln, um dem Superkaiser zu verstehen zu geben, dass es so nicht weitergehen könne. Vergebliche Mühe! Der Ameisenbär leckte sich die Lippen und trällerte, nun schon völlig hemmungslos, vor sich hin:

Kommt nur, kommt herauf!
Ich fresse euch dann alle auf!

Der Zeremonienmeister verkündete mit kaum hörbarer Stimme: »Majestät, nun kommt die unbesiegbare, heldenhafte Armee.« Und schon rückte vom Ende der Lichtung in dichten Scharen das Heer der Ameisen heran, die Standarten an der Spitze. Alle Waffengattungen waren vertreten: die Panzer, die Infanterie, die Artillerie, die Luftfahrt, die Marine und so weiter und so fort. Der Ameisenbär sang mit tiefer rauer Stimme:

Ich bin ein Pazifist,
kein Krieg mir
je gefällt

auf der
ganzen Welt.

Und kaum hatte er diese Worte ausgesprochen, da hatte er mit drei oder vier wohlgezielten Zungenschlägen schon das gesamte Heer abgestaubt. Nur ein kleiner Ameiserich, ein einfacher Soldat, kam davon, weil er dem Ameisenbär versprach, er wolle ihm jeden Morgen mit seinem Bajonett ordentlich die Fußsohlen kratzen. Der Zeremonienmeister hätte jetzt dem Ameisenvolk mitteilen wollen, es solle davonlaufen, wenn es nicht im Maul des Ameisenbärs enden wolle. Aber es war zu spät! In banger Erwartung, seinen Herrscher aus der Nähe zu sehen, voll Verlangen, ihm seinen Beifall kundzutun, strömte das ganze Volk aus dem Ameisenhaufen und überflutete die Lichtung. Das war der Augenblick, auf den der Ameisenbär gewartet hatte. Er stieg herab von seinem Thron und begann seine Zunge in alle Richtungen schnellen zu lassen. Als er endlich satt war, stieg er wieder auf seinen Thron und befahl dem Zeremonienmeister: »Einen Zahnstocher!« In seiner Verzweiflung beeilte sich der Zeremonienmeister, ihm den Zahnstocher zu reichen. Der Ameisenbär grub aus seinen Zähnen die zwei oder drei Ameisen hervor, die dazwischen stecken geblieben waren, dehnte und streckte sich und sagte: »Mir scheint, die Krönung ist bestens vonstatten gegangen.«

Der Zeremonienmeister antwortete sehr bedrückt: »Sehr wohl, Majestät. Aber es hat sich eine kleine Unannehmlichkeit eingestellt.«

»Und die wäre?«

»Es ist niemand mehr da. Ihr seid ein Superkaiser, der nur mehr vier Untertanen hat: einen Zeremonienmeister, einen Trommler, einen Minister für Vorratsbeschaffung und den einfachen Soldaten Ameiserich.«

»Na und?«

»Ohne ein Volk und ohne eine Regierung, die Euch hilft, das Volk zu regieren, was seid Ihr da für ein Superkaiser?«

Der Ameisenbär brüllte: »Aha, so ist es also. Dann fresse ich auch dich und deine Genossen und werde wieder, was ich vorher war.« Gesagt, getan: Er schleuderte seine Zunge in Richtung des Zeremonienmeisters und der anderen drei, und mit einem einzigen Zungenschlag räumte er auf.

Seitdem gehen die Ameisenbären in Brasilien gemächlich durch den Urwald, und, wenn sie einen Ameisenhaufen sehen, gehen sie nahe hin und sagen: »Könnt ihr zufällig einen Kaiser brauchen? Oder einen König? Oder vielleicht einen Staatspräsidenten?« Die Ameisen, die nun genau wissen, was sich hinter diesem Vorschlag verbirgt, antworten eiligst: »Das würde dir so passen!«, und ziehen ihm eine lange Nase. Und da versucht der Ameisenbär, mit seiner Zunge die wenigen oder die vielen aufzulecken, die sich im Gras außerhalb des Ameisenhaufens verspätet haben. Wie es im Sprichwort heißt:

> Besser eine Ameise heute
> als einen Ameisenhaufen morgen,
> aber besser einen Ameisenhaufen morgen
> als Beeren und Wurzeln heute.

Michael Ende
Tranquilla Trampeltreu, die beharrliche Schildkröte

Eines schönen Morgens saß die Schildkröte Tranquilla Trampeltreu vor ihrer kleinen gemütlichen Höhle in der Sonne und verspeiste geruhsam ein Wegerichblatt.

Über ihr in den Zweigen eines uralten Ölbaumes saß die Taube Sulaika Silberkropf und putzte ihr schimmerndes Gefieder. Da kam der Täuberich Salomo Silberkropf geflogen, verbeugte sich mehrmals und rief: »O Sulaika, du Freude meines Herzens, hast du es schon vernommen? Der Große Sultan aller Tiere, Leo der Achtundzwanzigste, wird Hochzeit feiern. Darum lass uns zusammen zu seiner Höhle fliegen, du Licht meiner Augen!«

»O mein Herr und Gebieter«, gurrte die Taube, »sind wir denn eingeladen?«

»Sei unbesorgt, du Stern meines Lebens«, antwortete Salomo Silberkropf und verbeugte sich noch ein paar Mal, »alle Tiere, groß und klein, alt und jung, dick und dünn, nass und trocken, sind eingeladen, also auch wir. Es soll das schönste Fest werden, das es je gegeben hat. Aber wir müssen uns beeilen, denn der Weg zur Löwenhöhle ist sehr weit und das Fest ist schon bald.«

Sulaika nickte, und beide Tauben flogen davon.

Tranquilla Trampeltreu, die alles gehört hatte, versank in so tiefes Nachdenken, dass sie sogar vergaß, den Rest ihres Frühstücks aufzuessen.

»Wenn alle Tiere, groß und klein, alt und jung, dick und dünn, nass und trocken, zu der Hochzeit eingeladen sind«, so sprach Tranquilla zu sich selbst, »dann bin ich es wohl auch. Warum sollte ich also nicht auch auf das schönste Fest gehen, das es je gegeben hat?«

Nachdem sie den ganzen Tag und die darauffolgende Nacht hindurch nachgedacht hatte, stand ihr Entschluss fest. Kaum war die Morgensonne aufgegangen, setzte sie sich in Bewegung, Schritt für Schritt, langsam zwar, aber unaufhaltsam.

Als sie schon fast den ganzen Tag so dahingekrabbelt war, kam sie an einem Dornbusch vorüber. Dort wohnte die Spinne Fatima Fadenkreuz inmitten ihres prächtigen Netzes.

»He, Tranquilla Trampeltreu«, rief die Spinne, »wohin denn so eilig, wenn man fragen darf?«

»Guten Abend, Fatima Fadenkreuz!«, antwortete die Schildkröte und blieb stehen, um ein wenig zu verschnaufen. »Wie du weißt, hat unser Großer Sultan, Leo der Achtundzwanzigste, alle Tiere zu seiner Hochzeit eingeladen. Deshalb gehe ich auch hin.«

Fatima Fadenkreuz schlug ihre langen Vorderbeine über dem Kopf zusammen und begann so zu kichern, dass ihr ganzes Netz bedenklich zu wippen anfing.

»O Tranquilla«, stieß sie endlich hervor, »du Langsamste der Langsamen – wie willst du je dort hinkommen?«

»Schritt für Schritt«, sagte Tranquilla.

»Und hast du auch bedacht«, rief Fatima Fadenkreuz, »dass die Hochzeit bereits in vierzehn Tagen sein wird?«

Tranquilla blickte zuversichtlich auf ihre kurzen, stämmigen Beinchen und antwortete: »Ich werde schon rechtzeitig dort sein.«

»Tranquilla!«, sagte die Spinne mitleidig. »Tranquilla Trampeltreu! Selbst für mich wäre der Weg zu weit, und ich habe nicht nur flinkere Beine, sondern auch doppelt so viele. Sei vernünftig! Gib's auf und geh nach Hause!«

»Das geht leider nicht«, antwortete die Schildkröte freundlich, »mein Entschluss steht fest.«

»Wem nicht zu raten ist, dem ist nicht zu helfen!«, sagte die Spinne und begann unwillig an ihrem Netz zu stricken.

»Das stimmt«, erwiderte Tranquilla, »also dann auf Wiedersehen, Fatima Fadenkreuz.«

Damit stapfte sie los. Die Spinne kicherte boshaft vor sich hin und wisperte: »Lauf bloß nicht zu schnell, sonst kommst du am Ende noch zu früh!«

Tranquilla Trampeltreu aber wanderte weiter über Stock und Stein, durch Sand und Hain, bei Nacht und Sonnenschein.

Als sie einmal an einem kleinen Teich vorüberkam, machte sie Rast, um zu trinken. Auf einem Efeublatt saß die Schnecke Scheheresade Schleimig, die beguckte sich die Schildkröte mit langen Stielaugen.

»Guten Tag!«, sagte Tranquilla freundlich.

Es dauerte eine gute Weile, bis die Schnecke sich so weit gesammelt hatte, dass sie antworten konnte. »Du lieber Himmel!«, knatschte sie unendlich langsam. »*Du* kannst aber schnell laufen! Ganz schwindelig wird einem bloß vom Zusehen.«

»Ich gehe auf die Hochzeit unseres Großen Sultans, Leo des Achtundzwanzigsten«, erklärte Tranquilla.

Diesmal dauerte es noch länger, bis Scheheresade ihre klebrigen Gedanken so weit geordnet hatte, dass sie mühsam hervordrucksen konnte: »Wie schnecklich! Da bist du ja in die ganz falsche Richtung gelaufen.« Sie deutete mit ihren Fühlhörnern verwirrt in der Gegend herum: »Dahinnichtdorthinvondaherichmeinehierher! – Hiernichtdadorthinmirhernichnordhinda da du da … «, und sie verwickelte sich rettungslos in ihrer schwierigen Erklärung.

»Macht nichts«, sagte Tranquilla, »dann weiß ich's jedenfalls jetzt. Wohin, sagtest du, muss ich gehen?«

Die Schnecke war so durcheinander, dass sie in ihr Haus zurückschrumpfte und erst nach einer halben Stunde wieder zum Vorschein kam.

Tranquilla wartete geduldig, bis Scheheresade die Sprache wiedergefunden hatte.

»Du lieber Himmel!«, jammerte die Schnecke. »Was für ein Unglück! Du hättest nach Süden gehen müssen und nicht nach Norden. Genau umgekehrt hättest du gehen müssen.«

»Vielen Dank für den Hinweis!«, antwortete Tranquilla und drehte sich umständlich in die entgegengesetzte Richtung.

»Aber das Fest ist doch schon übermorgen!«, rief die Schnecke weinerlich.

»Ich werde schon rechtzeitig dort sein«, sagte Tranquilla.

»Nie!«, seufzte die Schnecke und blickte die Schildkröte schwermütig an. »Nie und nimmer! Ja, wenn du von Anfang an in die richtige Richtung gelaufen wärst – dann vielleicht. Aber nun ist alles hoffnungslos. Alles war umsonst. Wie schnecklich!«

»Du kannst dich gern auf meinen Panzer setzen, wenn du mitkommen willst«, schlug Tranquilla vor.

Scheheresade Schleimig senkte ergeben ihre Stielaugen. »Es hat keinen Sinn. Es ist zu spät, viel zu spät. Niemals würden wir hinkommen.«

»Doch«, sagte Tranquilla, »Schritt für Schritt.«

»Ich bin so traurig«, knatschte die Schnecke, »bleib bei mir und tröste mich!«

»Das geht leider nicht«, sagte Tranquilla freundlich, »mein Entschluss steht fest.« Damit setzte sie sich von neuem in Bewegung, nun in die entgegengesetzte Richtung.

Scheheresade Schleimig blickte ihr noch lange Zeit mit tränenfeuchten Stielaugen nach und machte fortwährend beschwörende Bewegungen mit ihren Fühlhörnern.

Wieder wanderte die Schildkröte nun viele Tage lang in der anderen Richtung über Stock und Stein, durch Sand und Hain, bei Nacht und Sonnenschein.

Schließlich begegnete sie dem Eidechserich Zacharias Zierfuß, der auf einem sonnenbeschienenen Stein lag und döste. Sein smaragdgrünes Schuppenkleid glitzerte kostbar. Als die Schildkröte sich näherte, öffnete er ein Auge, blinzelte und sagte schläfrig: »Halt! Wer ist man? Woher kommt man? Wohin will man?«

»Ich heiße Tranquilla Trampeltreu«, sagte die Schildkröte, »ich komme vom uralten Ölbaum und will zur Löwenhöhle.«

Zacharias Zierfuß gähnte. »Ei, ei, und was hat man dort zu suchen?«

»Ich gehe auf die Hochzeit unseres Großen Sultans, Leos des Achtundzwanzigsten, denn er hat alle Tiere dazu eingeladen, also auch mich«, antwortete Tranquilla.

Nun öffnete Zacharias Zierfuß erstaunt auch sein anderes Auge und betrachtete die Schildkröte herablassend. »Wie stellt sich so ein armseliger Staubschlucker wohl vor«, näselte er nach einer Weile, »jetzt noch dorthin zu kommen?«

»Schritt für Schritt«, sagte Tranquilla.

Zacharias Zierfuß stützte sich auf die Ellbogen und trommelte mit den Fingern. »Ei, ei, auf so gemächliche Weise will man zu einer Hochzeit gehen, die schon vor einer Woche gewesen wäre?«

»Ist sie denn *nicht* vor einer Woche gewesen?«, fragte Tranquilla.

»Nein«, antwortete Zacharias Zierfuß faul.

»Fein«, sagte Tranquilla erfreut, »dann werde ich ja doch noch rechtzeitig dort sein.«

»Das wird man ganz bestimmt nicht! Als hoher Beamter des Löwenhofes erkläre ich hiermit: Die Hochzeit ist vorläufig abgesagt. Leo der Achtundzwanzigste musste ganz plötzlich in den Krieg gegen den Tiger Sebulon Säbelzahn ziehen. Man kann also getrost wieder nach Hause zurückkehren.«

»Das geht leider nicht«, antwortete Tranquilla Trampeltreu, »mein Entschluss steht fest.« Damit ließ sie den Eidechserich links liegen und stapfte weiter.

Zacharias Zierfuß aber starrte dösig vor sich hin und murmelte immer wieder: »Man fragt sich wirklich … also man fragt sich wirklich …«

Wieder wanderte die Schildkröte viele Tage lang über Stock und Stein, durch Sand und Hain, bei Nacht und Sonnenschein.

Als sie eine Felsenwüste durchquerte, begegnete sie einer Gesellschaft von Raben, die auf einem dürren Baum hockten und in düstere Gedanken versunken schienen. Tranquilla Trampeltreu blieb stehen, um sich nach dem Weg zu erkundigen.

»Hatschi!«, krächzte einer der Raben, noch ehe sie etwas gesagt hatte.

»Gesundheit!«, rief Tranquilla freundlich.

»Ich habe nicht geniest«, schnarrte der Rabe grämlich, »ich habe mich nur vorgestellt. Ich bin der Weise Hatschi Halef Habakuk.«

»Oh, Verzeihung!«, sagte sie. »Ich heiße Tranquilla Trampeltreu und bin nur eine einfache Schildkröte. Kannst du mir bitte sagen, weiser Habakuk, ob es hier zur Höhle unseres Großen Sultans, Leo des Achtundzwanzigsten, geht? Ich bin nämlich auf seine Hochzeit eingeladen.«

Die Raben warfen sich untereinander bedeutungsvolle Blicke zu und hüstelten.

»Ich könnte es dir wohl sagen«, erklärte Habakuk und kratzte sich mit der Kralle den Kopf, »aber es würde dir nichts mehr nützen. Dort nämlich, wo unser Großer Sultan jetzt ist, können selbst wir, die Weisen, nicht hingelangen. Du aber, armes unwissendes Krabbeltier, wie solltest du mit deinem kurzen Verstand jemals dort hinfinden?«

»Schritt für Schritt«, sagte Tranquilla.

Wieder wechselten die Raben untereinander bedeutungsvolle Blicke und hüstelten.

»O du verblendetes Geschöpf!«, krächzte Habakuk feierlich. »Wovon du redest, das ist längst vergangen. Und die Vergangenheit holt niemand ein.«

»Ich werde schon rechtzeitig dort sein«, sagte Tranquilla zuversichtlich.

»Unmöglich!«, antwortete Habakuk mit Grabesstimme. »Siehst du nicht, dass wir Trauerkleider tragen? Vor wenigen Tagen haben wir unseren Großen Sultan, Leo den Achtundzwanzigsten, begraben. Er war im Kampf mit dem Tiger Sebulon Säbelzahn so schwer verwundet worden, dass er sterben musste.«

»Ach«, sagte Tranquilla Trampeltreu, »das tut mir aber wirklich leid.«

»Darum kehre heim«, fuhr Habakuk fort, »oder bleibe hier und trauere mit uns.«

»Das geht leider nicht«, antwortete Tranquilla freundlich, »mein Entschluss steht fest.« Damit machte sie sich von neuem auf den Weg.

Die Raben blickten missbilligend hinter ihr her, dann steckten sie die Köpfe zusammen und krächzten: »Diese verstockte Person!

Will doch tatsächlich auf die Hochzeit von jemand gehen, der schon längst gestorben ist.«

Wieder stapfte Tranquilla Trampeltreu viele Tage über Stock und Stein, durch Sand und Hain, bei Nacht und Sonnenschein.

Und zuletzt gelangte sie in einen Wald voller blühender Bäume. In der Mitte des Waldes lag eine große Blumenwiese. Und auf dieser Wiese waren viele Tiere versammelt, große und kleine, alte und junge, dicke und dünne, nasse und trockene, die alle sehr vergnügt und voll freudiger Erwartung waren.

»Ach bitte«, fragte Tranquilla Trampeltreu einen kleinen Seidenaffen, der neben ihr auf und nieder hüpfte und in die Hände klatschte, »wo geht es hier zur Höhle unseres Großen Sultans?«

»Aber du stehst doch schon davor«, rief das Äffchen (es hieß übrigens Jussuf Juckfinger, aber das ist hier nicht mehr wichtig), »dort drüben ist der Eingang!«

»Und ist dies vielleicht«, fragte Tranquilla Trampeltreu bedächtig, »die Hochzeit unseres Großen Sultans, Leo des Achtundzwanzigsten?«

»Aber nein!«, rief das Äffchen. »Du musst wirklich von sehr weit herkommen! Heute feiert doch, wie jeder weiß, unser neuer Großer Sultan, Leo der *Neun*undzwanzigste, seine Hochzeit.«

In diesem Augenblick erschien im Eingang der Höhle ein herrlicher junger Löwe mit einer gewaltigen Mähne, die wie die Sonne leuchtete. Und neben ihm stand eine wunderschöne junge Löwin. Und alle Tiere riefen »Vivat!«, und »Lang lebe das Hochzeitspaar!«, und dann wurde getanzt und gespielt und geschmaust und gesungen bis in die tiefe Nacht hinein. Und die Glühwürmchen leuchteten, und die Nachtigallen und Grillen musizierten. Mit einem Wort, es war wirklich das schönste Fest, das es je gegeben hat. Und mitten unter den Hochzeitsgästen saß Tranquilla Trampeltreu, ein bisschen müde zwar, aber sehr glücklich, und sprach: »Ich hab's doch immer gesagt, dass ich rechtzeitig da sein werde.«

Äsop
Der Löwe und die Maus

Als der Löwe schlief, lief ihm eine Maus über den Körper. Aufwachend packte er sie und war drauf und dran, sie aufzufressen, da bat sie ihn, er solle sie doch freilassen: »Wenn du mir das Leben schenkst, werde ich mich dankbar erweisen.« Lachend ließ er sie laufen. Es geschah aber, dass bald darauf die dankbare Maus dem Löwen das Leben rettete. Denn als er von Jägern gefangen und mit einem Seil an einen Baum gebunden wurde, hörte ihn die Maus stöhnen. Sie lief zu ihm, und indem sie das Seil rundherum benagte, befreite sie ihn. »Damals«, sagte sie, »hast du gelacht über mich und nicht erwartet, dass ich es dir vergelten könne, jetzt weißt du, dass auch Mäuse dankbar sein können!«

Die Lehre dieser Fabel: In schlechten Zeiten haben auch sehr Mächtige die Schwächeren nötig.

Jürg Schubiger
Das Löwengebrüll

Ein Löwe, der sehr krank war, brüllte laut. Das Gebrüll drang weit in die Ferne. Am Rande der Ferne aber wuchs ein Dornstrauch, in dem es hängen blieb. Natürlich versuchte das Gebrüll sich zu lösen, aber es verfing sich nur umso mehr. Als es dann endlich loskam, nach Stunden, nach Tagen, nach Wochen, lief es sofort zum Löwen zurück. Da war der Löwe aber schon tot. In der Hitze roch er bereits ganz übel. Auf seinen Rippen standen Vögel auf einem einzigen Bein, und Insekten bauten ihre Nester in seinen Ohren.

Hier muss gesagt werden, dass solche Verspätungen des Gebrülls schon früher, als der Löwe noch lebte, hie und da vorgekommen waren. Der Löwe schwieg dann eine Weile, das war alles. Er konnte das Gebrüll nicht einmal schelten, wenn es zurückkam, denn dafür fehlte ihm ja die Stimme. Er hätte sie sich vom Gebrüll ausleihen müssen.

Was tut ein Gebrüll ohne Löwe? Auf die Dauer ging das natürlich nicht. Es brüllte vor Heimweh, doch es fand keinen einzigen Löwen, der seine Stimme gegen eine neue tauschen wollte; jedem gefiel die eigene besser. Den Gazellen und Antilopen hätte ein Tausch viele Vorteile gebracht. Aus lauter Angst aber hörten sie nicht einmal zu. Die Vorschläge und Bitten des Gebrülls tönten zu laut.

Das Gebrüll war schon nahe daran, zu verzagen, da stand plötzlich eine Maus vor ihm. Sie hatte seine Worte von weitem gehört und hatte auch Lust auf eine andere Stimme. Komm zu mir, Löwengebrüll, piepste die Maus, ich mache dir Platz in meiner Kehle.

Zu dir?, brüllte das Gebrüll.

Ohne weitere Worte jagte die Maus ihr Piepsen fort und nahm das Löwengebrüll bei sich auf. Dem ging das alles zwar etwas zu rasch, aber es sperrte sich nicht dagegen. Besser, du wohnst eng, dachte es, als allein.

Als dann das Piepsen draußen fragte: Und was soll aus mir werden?, brüllte die Maus schon: Geh mir aus den Ohren, du kitzelst mich!

Was tut ein Piepsen ohne Maus? Das soll hier zum Schluss noch erzählt sein. Das Piepsen zog fort, um sich eine neue Wohnung zu suchen. An einem benachbarten Hügel fand es ein sonniges Mausloch, das leer war. Hier richtete es sich ein. Es wartete auf das fürchterliche Brüllen der Maus, das jeden Abend über die Felder kam. Die Erde zitterte dann, und die wurmstichigen Früchte fielen von den Bäumen. Mein Löwe!, piepste das Piepsen. Und später schlief es ein, fast ein bisschen glücklich vor lauter Bewunderung.

Die gleiche Geschichte habe ich einmal von einer Löwin gehört: Eine Löwin, die sehr krank war, brüllte laut. Ein Löwinnengebrüll. Ob die Maus eine Die war oder ein Der, weiß ich nicht mehr.

Der Panter
Im Jardin des Plantes, Paris

Sein Blick ist vom Vorübergehn der Stäbe
so müd geworden, dass er nichts mehr hält.
Ihm ist, als ob es tausend Stäbe gäbe
und hinter tausend Stäben keine Welt.

Der weiche Gang geschmeidig starker Schritte,
der sich im allerkleinsten Kreise dreht,
ist wie ein Tanz von Kraft um eine Mitte,
in der betäubt ein großer Wille steht.

Nur manchmal schiebt der Vorhang der Pupille
sich lautlos auf –. Dann geht ein Bild hinein,
geht durch der Glieder angespannte Stille –
und hört im Herzen auf zu sein.

Rainer Maria Rilke

E. E. Cummings
Der Elefant und der Schmetterling

Es war einmal ein Elefant, der den ganzen Tag nichts tat.

Er lebte allein in einem kleinen Haus weit weg am äußersten Ende einer gewundenen Straße.

Vom Hause des Elefanten schlängelte sich diese gewundene Straße hinab und hinab, bis sie in einem grünen Tal ankam, wo ein anderes kleines Haus stand, in dem ein Schmetterling wohnte.

Eines Tages saß der Elefant in seinem kleinen Haus und schaute aus dem Fenster und tat nichts (und dabei war ihm sehr wohl, denn das war es, was er am liebsten tat); da sah er jemanden die gewundene Straße herauf und herauf zu seinem kleinen Haus kommen; er machte die Augen weit auf und war sehr überrascht. »Wer könnte denn das sein, der hier heraufkommt, die gewundene Straße entlang und entlang, zu meinem kleinen Haus?«, sagte der Elefant zu sich selbst.

Und gleich darauf sah er, dass es ein Schmetterling war, der richtig vergnügt die gewundene Straße entlang gaukelte; und der Elefant sagte: »Meine Güte, ich möchte wissen, ob er mich besuchen kommt!«

Als der Schmetterling näher und näher kam, war der Elefant in seinem Herzen immer aufgeregter und aufgeregter. Über die Stufen des kleinen Hauses kam der Schmetterling herauf, und er klopfte mit seinem Flügel ganz sachte an die Tür. »Ist jemand drinnen?«, fragte er.

Der Elefant freute sich wirklich sehr, aber er wartete noch.

Da klopfte der Schmetterling zum zweiten Mal mit seinem Flügel, ein wenig kräftiger, aber immer noch sehr sachte, und sagte: »Bitte, wohnt hier jemand?«

Der Elefant sagte immer noch nichts, weil er vor Freude nicht sprechen konnte.

Zum dritten Mal klopfte der Schmetterling, diesmal ziemlich laut, und fragte: »Ist jemand zu Hause?« Und diesmal sagte der Elefant mit zitternder Stimme: »Ja«. Der Schmetterling guckte zur Tür hinein und sagte: »Wer bist du, der in dem kleinen Haus wohnt?« Und der Elefant guckte zu ihm hinaus und antwortete: »Ich bin der Elefant, der den ganzen Tag nichts tut.« »Oh«, sagte der Schmetterling, »darf ich hineinkommen?« »Ja bitte«, sagte der Elefant mit einem Lächeln, weil er sich sehr freute. So stieß der Schmetterling einfach mit seinem Flügel die kleine Tür auf und ging hinein.

Es waren einmal sieben Bäume, die wuchsen an der gewundenen Straße. Und als der Schmetterling mit seinem Flügel die Türe aufstieß und in das kleine Haus des Elefanten ging, sagte ein Baum zu einem anderen Baum: »Ich glaube, es wird bald regnen.«

»Die gewundene Straße wird ganz nass sein und herrlich duften«, sagte ein anderer Baum zu einem anderen Baum.

Dann sagte wieder ein anderer Baum zu wieder einem anderen Baum: »Wie gut für den Schmetterling, dass er geschützt ist im kleinen Haus des Elefanten, denn da macht ihm der Regen nichts aus.«

Aber der kleinste Baum sagte: »Ich spüre schon den Regen«, und wirklich, während der Schmetterling und der Elefant sich in dem kleinen Haus dort am Ende der gewundenen Straße unterhielten, begann der Regen einfach überall sachte zu fallen; und der Schmetterling und der Elefant sahen zusammen aus dem Fenster und fühlten sich so richtig sicher und froh, während die gewundene Straße ganz nass wurde und herrlich zu duften begann, genau wie es der dritte Baum gesagt hatte.

Ziemlich bald hörte der Regen auf, und der Elefant legte seinen Arm ganz sacht um den kleinen Schmetterling und sagte: »Hast du mich ein bisschen lieb?«

Und der Schmetterling lächelte und sagte: »Nein, ich habe dich sehr lieb.«

Dann sagte der Elefant: »Ich bin so froh, ich denke, wir sollten zusammen einen Spaziergang machen, du und ich; denn jetzt hat der Regen aufgehört, und die gewundene Straße duftet herrlich.«

Der Schmetterling sagte: »Ja, aber wohin sollen wir gehen, du und ich?«

»Lass uns die gewundene Straße hinab und hinab gehen, wo ich noch nie gewesen bin«, sagte der Elefant zu dem kleinen Schmetterling. Und der Schmetterling lächelte und sagte: »Gern gehe ich mit dir fort und fort die gewundene Straße hinab. Lass uns zusammen aus der kleinen Türe deines Hauses und die Stufen hinab gehen – wollen wir?«

So kamen sie zusammen heraus, und der Arm des Elefanten lag ganz sacht um den Schmetterling. Da sagte der kleinste Baum zu seinen sechs Freunden: »Ich glaube, der Schmetterling liebt den Elefanten so sehr wie der Elefant den Schmetterling, und das freut mich, denn sie werden sich immer lieb haben.«

Die gewundene Straße hinab und hinab gingen der Elefant und der Schmetterling.

Es gab nun schönen Sonnenschein nach dem Regen.

Die gewundene Straße duftete schön nach Blumen.

Ein Vogel in einem Strauch begann zu singen, und alle Wolken zogen weg vom Himmel, und überall war Frühling.

Als sie an das Haus des Schmetterlings kamen, das unten in dem grünen Tal stand, das noch nie so grün gewesen war, da sagte der Elefant: »Ist dies deine Wohnung?«

Und der Schmetterling sagte: »Ja, dies ist meine Wohnung.«

»Darf ich in dein Haus hineingehen?«, fragte der Elefant.

»Ja«, sagte der Schmetterling. So stieß der Elefant einfach mit dem Rüssel sachte die Tür auf, und sie gingen in das Haus des Schmetterlings. Und dann küsste der Elefant den Schmetterling ganz sachte. Da sagte der Schmetterling: »Warum bist du früher nie in das Tal herabgekommen, wo ich wohne?« Der Elefant antwortete: »Weil ich den ganzen Tag nichts getan habe. Aber jetzt, da ich weiß, wo du wohnst, komme ich jeden Tag die gewundene Straße herab, um dich zu besuchen, wenn ich darf – darf ich kommen?« Da küsste der Schmetterling den Elefanten und sagte: »Ich hab dich lieb, also komm bitte.«

Und von da an kam nun der Elefant jeden Tag die gewundene Straße herab, die so herrlich duftete (vorbei an den sieben Bäumen und dem Vogel, der im Strauch sang), um seinen kleinen Freund, den Schmetterling, zu besuchen.

Und sie hatten sich immer lieb.

Rudyard Kipling
Das Elefantenkind

In den fernen, längst vergangenen Zeiten hatten die Elefanten, mein allerliebster Liebling, keine Rüssel. Sie hatten nur schwärzliche, knubbelige Nasen,
so groß wie Stiefel, die sie nach links und rechts drehen konnten, aber aufheben
ließ sich nichts damit. Doch da gab es einen Elefanten – einen jungen Elefanten – ein Elefantenkind – das war voll unersättlicher Neugier, und das soll
heißen, dass es ständig Fragen stellte. Es lebte in Afrika, und ganz Afrika erregte
seine unersättliche Neugier. Es fragte seinen großen Onkel, den Strauß, warum
seine Schwanzfedern wuchsen, wie sie wuchsen, und sein großer Onkel, der
Strauß, verhaute es mit seiner harten, harten Klaue. Es fragte seine große Tante,
die Giraffe, warum ihre Haut so fleckig war, und seine große Tante, die Giraffe,
verhaute es mit ihrem harten, harten Huf. Und immer noch war das Elefantenkind voll unersättlicher Neugier! Es fragte seine breite Tante, das Nilpferd,
warum sie so rote Augen hatte, und seine breite Tante, das Nilpferd, verhaute
es mit ihrem breiten, breiten Huf; und es fragte seinen haarigen Onkel, den
Pavian, warum Melonen schmeckten, wie sie schmeckten, und sein haariger
Onkel, der Pavian, verhaute es mit seiner haarigen, haarigen Pfote. Und immer

noch war das Elefantenkind voll unersättlicher Neugier! Es stellte Fragen nach allem, was es sah oder hörte oder spürte oder roch oder berührte, und alle seine Onkel und Tanten verhauten es. Und immer noch war das Elefantenkind voll unersättlicher Neugier!

Eines schönen Morgens mitten im Vorrücken der Tagundnachtgleichen (das, allerliebster Liebling, ist die Zeit, wenn die Sonne im Äquator steht und für alle Orte der Erde um sechs Uhr Ortszeit aufgeht und um achtzehn Uhr unter) stellte dieses unersättliche Elefantenkind eine neue gute Frage, die es nie zuvor gestellt hatte. Es fragte: »Was gibt's beim Krokodil zum Mittagessen?« Da machten alle laut und fürchterlich: »Pssst!«, und verhauten es sofort und auf der Stelle lange Zeit, ohne aufzuhören.

Irgendwann, als das erledigt war, begegnete es einem Kolokolovogel, der mitten in einem Wart-ein-Weilchen-Dornbusch saß, und es sagte: »Mein Vater hat mich verhauen, und meine Mutter hat mich verhauen; alle meine Tanten und Onkel haben mich verhauen wegen meiner unersättlichen Neugier; aber ich will immer noch wissen, was es beim Krokodil zum Mittagessen gibt!«

Da sagte der Kolokolovogel mit einem Klageschrei: »Geh zu den Ufern des großen graugrünen grasgrundigen Limpopo-Flusses, der gesäumt ist von Fieberbäumen, und stell es fest.«

Schon am nächsten Morgen, als von den Tagundnachtgleichen nichts mehr vorhanden war, weil sie vorgerückt waren wie ihre Vorgänger, nahm dieses unersättliche Elefantenkind hundert Pfund Bananen (von der kleinen rötlichen Sorte) und hundert Pfund Zuckerrohr (von der langen lila Sorte) und siebzehn Melonen (von der grünlich-krakeligen Sorte) und sagte zu seiner ganzen lieben Familie: »Auf Wiedersehen. Ich gehe zum großen graugrünen grasgrundigen

Limpopo-Fluss, der gesäumt ist von Fieberbäumen, und stelle fest, was es beim Krokodil zum Mittagessen gibt.« Und alle verhauten es noch einmal, weil das Glück bringen sollte, obwohl es sie höflichst bat, damit aufzuhören.

Dann machte es sich auf den Weg, ein wenig erhitzt, aber kein bisschen verwundert, aß Melonen und warf die Schalen überall hin, weil es sie nicht aufheben konnte.

Es ging von Grahamstadt nach Kimberley, und von Kimberley nach Khamaland, und vom Khamaland ging es nordöstlich, wobei es die ganze Zeit Melonen aß, bis es endlich an die Ufer des großen graugrünen grasgrundigen Limpopo-Flusses kam, der gesäumt ist von Fieberbäumen, genau wie der Kolokolovogel gesagt hatte.

Jetzt musst du wissen und verstehen, mein allerliebster Liebling, dass bis zu dieser Woche, diesem Tag, dieser Stunde und Minute das unersättliche Elefantenkind noch nie ein Krokodil gesehen hatte und keine Ahnung hatte, was das war. Es überließ sich einfach seiner unersättlichen Neugier.

Als Erstes begegnete es einer zweifarbigen Pythonfelsschlange, die sich um einen Stein geringelt hatte.

»Entschuldige bitte«, sagte das Elefantenkind überaus höflich, »aber hast du in dieser mannigfaltigen Gegend so etwas wie ein Krokodil gesehen?«

»Ob ich ein Krokodil gesehen habe?«, sagte die zweifarbige Pythonfelsschlange mit fürchterlichem Hohn. »Sonst noch Fragen?«

»Entschuldige bitte«, sagte das Elefantenkind, »aber könntest du so nett sein und mir sagen, was es bei ihm zum Mittagessen gibt?«

Da entringelte sich die zweifarbige Pythonfelsschlange sehr schnell von ihrem Stein und verhaute das Elefantenkind mit ihrem schuppigen, ruppigen Schwanz.

»Das ist merkwürdig«, sagte das Elefantenkind. »Mein Vater und meine Mutter und mein Onkel und meine Tante, ganz abgesehen von meiner anderen Tante, dem Nilpferd, und meinem anderen Onkel, dem Pavian, haben mich nämlich alle verhauen wegen meiner unersättlichen Neugier – und hier geht es mir anscheinend genauso.«

Also verabschiedete es sich überaus höflich von der zweifarbigen Pythonfelsschlange, half ihr, sich wieder um den Stein zu ringeln, und ging weiter, ein wenig erhitzt, aber kein bisschen verwundert. Es aß Melonen und warf die Schalen überall hin, weil es sie nicht aufheben konnte, bis es auf etwas trat, was es für einen Holzklotz ganz am Rand des großen graugrünen grasgrundigen Limpopo-Flusses hielt, der gesäumt ist von Fieberbäumen.

Aber in Wirklichkeit war es das Krokodil, mein allerliebster Liebling, und das Krokodil zwinkerte mit einem Auge – so!

»Entschuldige bitte«, sagte das Elefantenkind überaus höflich, »aber hast du in dieser mannigfaltigen Gegend zufällig ein Krokodil gesehen?«

Da zwinkerte das Krokodil mit dem anderen Auge und hob den halben Schwanz aus dem Schlamm. Das Elefantenkind trat überaus höflich zurück, weil es nicht schon wieder verhauen werden wollte.

»Komm näher, Kleines«, sagte das Krokodil. »Warum fragst du so was?«

»Entschuldige bitte«, sagte das Elefantenkind überaus höflich, »aber mein Vater hat mich verhauen, meine Mutter hat mich verhauen, ganz abgesehen von meinem großen Onkel, dem Strauß, und meiner großen Tante, der Giraffe, die sehr kräftig treten kann, und meiner breiten Tante, dem Nilpferd, und meinem haarigen Onkel, dem Pavian, und außerdem der zweifarbigen Pythonfelsschlange mit dem schuppigen, ruppigen Schwanz dort oben am Ufer, die noch schlimmer zuschlägt als alle anderen; und deshalb, wenn es dir nichts ausmacht, möchte ich jetzt nicht mehr verhauen werden.«

»Komm näher, Kleines«, sagte das Krokodil, »ich bin nämlich das Krokodil«, und zum Beweis weinte es ein paar Krokodilstränen.

Da wurde das Elefantenkind ganz atemlos und keuchte und kniete am Ufer nieder und sagte: »Dich habe ich seit Tagen gesucht. Sagst du mir bitte, was es bei dir zum Mittagessen gibt?«

»Komm näher, Kleines«, sagte das Krokodil, »dann flüstere ich es dir ins Ohr.«

Da beugte das Elefantenkind den Kopf hinunter zu dem happigen, schnappigen Maul des Krokodils, und das Krokodil packte es an der kleinen Nase, die bis zu dieser Woche, diesem Tag, dieser Stunde und Minute nicht größer als ein Stiefel gewesen war, wenn auch sehr viel nützlicher.

»Ich glaube«, sagte das Krokodil – und es sprach mit geschlossenen Zähnen, allerliebster Liebling, so – »ich glaube, heute gibt's als Vorspeise Elefantenkind.«

Darüber ärgerte sich das Elefantenkind sehr, und es sagte durch die Nase, so: »Lass los! Du tust bir weh!«

Da glitt die zweifarbige Pythonfelsschlange vom Ufer herunter und sagte: »Mein junger Freund, wenn du jetzt nicht sofort und auf der Stelle so fest ziehst, wie du kannst, dann zerrt dich meiner Meinung nach dein Bekannter im groß gemusterten Ledermantel« (und damit meinte sie das Krokodil) »in den reißenden Fluss, bevor du noch ›zweimal zwei ist vier‹ sagen kannst.«

Zweifarbige Pythonfelsschlangen reden immer so.

Da setzte sich das Elefantenkind zurück auf seinen kleinen Hintern und zog und zog und zog, und seine Nase fing an, sich zu dehnen. Und das Krokodil

rutschte ins Wasser, machte es mit seinen Schwanzschlägen ganz kremig und zog und zog und zog ebenfalls.

Die Nase des Elefantenkinds dehnte sich immer mehr; und das Elefantenkind spreizte die vier kleinen Beine und zog und zog und zog, und die Nase dehnte sich; und das Krokodil schlug mit dem Schwanz wie mit einem Ruder und zog und zog und zog, und bei jedem Zug wurde die Nase des Elefantenkinds länger – und tat dabei höllisch weh.

Da spürte das Elefantenkind, wie ihm die Beine wegrutschten, und es sagte durch die Nase, die inzwischen fast fünf Fuß lang war: »Ich kann nicht behr!«

Da kam die zweifarbige Pythonfelsschlange vom Ufer herunter, schlang sich in einem doppelten Schifferknoten um die Hinterbeine des Elefantenkinds und sagte: »Leichtsinniger und unerfahrener Reisender, wir werden uns jetzt ernsthaft um ein bisschen Hochspannung bemühen, denn sonst, habe ich den Eindruck, behindert dieser Krieger mit dem Selbstantrieb und dem gepanzerten Oberdeck« (und damit, allerliebster Liebling, meinte sie das Krokodil) »deine künftige Laufbahn auf Dauer.«

So reden alle zweifarbigen Pythonfelsschlangen immer.

Also zog sie, und das Elefantenkind zog, und das Krokodil zog; doch das Elefantenkind und die zweifarbige Pythonfelsschlange zogen fester; und schließlich ließ das Krokodil die Nase des Elefantenkinds los und machte dabei einen Plumps, den man den ganzen Limpopo entlang hören konnte.

Das Elefantenkind setzte sich jäh und schmerzhaft; doch vorher sagte es noch »Vielen Dank« zu der zweifarbigen Pythonfelsschlange; und als Nächstes versorgte es seine arme lang gezogene Nase, wickelte sie in kühlende Bananenblätter und hängte sie in den großen graugrünen grasgrundigen Limpopo.

»Wozu soll das gut sein?«, fragte die zweifarbige Pythonfelsschlange.

»Entschuldige bitte«, sagte das Elefantenkind, »aber meine Nase ist ganz aus der Form geraten, und ich warte darauf, dass sie schrumpft.«

»Da kannst du lange warten«, sagte die zweifarbige Pythonfelsschlange. »Manche Leute wissen nicht, was gut für sie ist.«

Das Elefantenkind saß drei Tage da und wartete darauf, dass seine Nase schrumpfte. Doch sie wurde kein bisschen kürzer, sie brachte das Elefantenkind nur zum Schielen. Denn das Krokodil, das kannst du sehen und verstehen, mein allerliebster Liebling, hatte sie zu einem wirklichen und wahrhaftigen Rüssel gezogen, wie ihn heute alle Elefanten haben.

Am Ende des dritten Tages kam eine Mücke und stach das Elefantenkind in die Schulter, und bevor es wusste, was es tat, hob es den Rüssel und schlug die Mücke damit tot.

»Vorteil Nummer eins!«, sagte die zweifarbige Pythonfelsschlange. »Mit einer gewöhnlichen Rotznase hättest du das nicht geschafft. Jetzt iss mal ein bisschen was.«

Bevor es darüber nachdachte, was es tat, streckte das Elefantenkind den Rüssel, riss ein großes Grasbüschel aus, wischte es an seinen Vorderbeinen ab und stopfte es ins Maul.

»Vorteil Nummer zwei!«, sagte die zweifarbige Pythonfelsschlange. »Mit einer gewöhnlichen Rotznase hättest du das nicht geschafft. Findest du nicht, dass die Sonne hier ganz schön brennt?«

»Stimmt«, sagte das Elefantenkind, und bevor es darüber nachdachte, was es tat, schnappte es mit dem Rüssel einen Schwapp Schlamm von den Ufern des großen graugrünen grasgrundigen Limpopo und klatschte sich ihn auf den Kopf, wo er als kühle, knatschig-quatschige Schlamm-Mütze saß und hinter den Ohren kitzelte.

»Vorteil Nummer drei!«, sagte die zweifarbige Pythonfelsschlange. »Mit einer gewöhnlichen Rotznase hättest du das nicht geschafft. Wie wär's, wenn du jetzt wieder verhauen würdest?«

»Entschuldige bitte«, sagte das Elefantenkind, »aber das hätte ich überhaupt nicht gern.«

»Hättest du Lust, jemanden zu verhauen?«, fragte die zweifarbige Python-felsschlange.

»Und wie!«, sagte das Elefantenkind.

»Nun«, sagte die zweifarbige Pythonfelsschlange, »deine neue Nase wird dir dabei sehr nützlich sein.«

»Vielen Dank«, sagte das Elefantenkind, »ich werde dran denken; und jetzt gehe ich nach Hause zu meiner lieben Familie und probiere es mal aus.«

Also ging das Elefantenkind quer durch Afrika nach Hause, immer seinem Rüssel nach. Wenn es Obst essen wollte, holte es sich die Früchte vom Baum, statt wie früher zu warten, bis sie herunterfielen. Wenn es

Gras wollte, riss es sich Gras aus dem Boden, statt wie früher auf die Knie zu gehen. Wenn ihm die Fliegen lästig waren, brach es einen Ast von einem Baum und benutzte ihn als Fliegenklatsche; und immer wenn die Sonne brannte, machte es sich eine neue kühle, knatschig-quatschige Schlamm-Mütze. Wenn es sich einsam fühlte auf dem Weg durch Afrika, sang es sich etwas durch den Rüssel, und das klang lauter als zehn Blaskapellen. Es machte einen Umweg, um ein breites Nilpferd zu treffen (das nicht mit ihm verwandt war) und heftig zu verhauen, weil das Elefantenkind wissen wollte, ob die zweifarbige Pythonfelsschlange die Wahrheit über seinen Rüssel gesagt hatte. Die übrige Zeit sammelte es die Melonenschalen auf, die es auf dem Weg zum Limpopo fallengelassen hatte – denn es war ein reinlicher Dickhäuter.

Eines dunklen Abends traf das Elefantenkind bei seiner lieben Familie ein, rollte den Rüssel auf und sagte: »Guten Abend, alle beieinander.« Sie waren sehr froh, es wiederzusehen, und sagten sofort: »Komm her und lass dich verhauen wegen deiner unersättlichen Neugier.«

»Pah!«, machte das Elefantenkind. »Ich glaube, ihr habt keine Ahnung vom Verhauen; ich schon, und ich werd's euch zeigen.«

Dann entrollte es den Rüssel und schlug zwei seiner lieben Brüder zu Boden.

»Bananen und Ananas!«, riefen sie. »Wo hast du den Trick gelernt, und was hast du mit deiner Nase gemacht?«

»Ich habe eine neue bekommen vom Krokodil an den Ufern des großen graugrünen grasgrundigen Limpopo-Flusses«, sagte das Elefantenkind. »Ich habe es gefragt, was es bei ihm zum Mittagessen gibt, und da hat es sie mir geschenkt.«

»Sie sieht sehr hässlich aus«, sagte sein haariger Onkel, der Pavian.

»Stimmt«, sagte das Elefantenkind. »Aber sie ist sehr nützlich«, und es hob seinen haarigen Onkel, den Pavian, an einem haarigen Bein hoch und schob ihn in ein Hornissennest.

Dann verhaute dieses schlimme Elefantenkind seine ganze liebe Familie lange Zeit, bis alle sehr erhitzt und höchst verwundert waren. Es riss seinem großen Straußenonkel die Schwanzfedern aus und packte seine große Tante, die Giraffe, am Hinterbein und zerrte sie durch einen Dornbusch und schrie seine

breite Tante, das Nilpferd, an und blies ihr Schaum ins Ohr, als sie nach dem Essen im Wasser schlief. Aber den Kolokolovogel durfte keiner anrühren.

Schließlich wurde alles so aufregend, dass einer nach dem anderen von seiner lieben Familie davoneilte zu den Ufern des großen graugrünen grasgrundigen Limpopo-Flusses, der gesäumt ist von Fieberbäumen, und sich beim Krokodil eine neue Nase besorgte. Als sie zurückkamen, verhaute niemand mehr jemand. Und seit jenem Tag, allerliebster Liebling, haben alle Elefanten, die du je im Leben siehst, und alle, die du nicht siehst, Rüssel genau wie der Rüssel des unersättlichen Elefantenkindes.

Von Tieren im Haus und auf dem Hof

Gebrüder Grimm
Die Bremer Stadtmusikanten

Es hatte ein Mann einen Esel, der schon lange Jahre die Säcke unverdrossen zur Mühle getragen hatte, dessen Kräfte aber nun zu Ende gingen, sodass er zur Arbeit immer untauglicher ward. Da dachte der Herr daran, ihn aus dem Futter zu schaffen, aber der Esel merkte, dass kein guter Wind wehte, lief fort und machte sich auf den Weg nach Bremen; dort, meinte er, könnte er ja Stadtmusikant werden.

Als er ein Weilchen fortgegangen war, fand er einen Jagdhund auf dem Wege liegen, der jappte wie einer, der sich müde gelaufen hat. »Nun, was jappst du so, Packan?«, fragte der Esel.

»Ach«, sagte der Hund, »weil ich alt bin und jeden Tag schwächer werde, auch auf der Jagd nicht mehr fortkann, hat mich mein Herr wollen totschlagen, da hab ich Reißaus genommen; aber womit soll ich nun mein Brot verdienen?«

»Weißt du was?«, sprach der Esel. »Ich gehe nach Bremen und werde dort Stadtmusikant, geh mit und lass dich auch bei der Musik annehmen. Ich spiele die Laute, und du schlägst die Pauken.« Der Hund war's zufrieden, und sie gingen weiter.

Es dauerte nicht lange, so saß da eine Katze an dem Weg und machte ein Gesicht wie drei Tage Regenwetter. »Nun, was ist dir in die Quere gekommen, alter Bartputzer?«, sprach der Esel.

»Wer kann da lustig sein, wenn's einem an den Kragen geht«, antwortete die Katze. »Weil ich nun zu Jahren komme, meine Zähne stumpf werden und ich lieber hinter dem Ofen sitze und spinne, als nach Mäusen herumjage, hat mich meine Frau ersäufen wollen; ich habe mich zwar noch fortgemacht, aber nun ist guter Rat teuer: Wo soll ich hin?«

»Geh mit uns nach Bremen, du verstehst dich doch auf die Nachtmusik, da kannst du ein Stadtmusikant werden.« Die Katze hielt das für gut und ging mit.

Darauf kamen die drei Landesflüchtigen an einem Hof vorbei, da saß auf dem Tor der Haushahn und schrie aus Leibeskräften. »Du schreist einem durch Mark und Bein«, sprach der Esel, »was hast du vor?«

»Da hab ich gut Wetter prophezeit«, sprach der Hahn, »weil unserer lieben Frauen Tag ist, wo sie dem Christkindlein die Hemdchen gewaschen hat und sie trocknen will; aber weil morgen zum Sonntag Gäste kommen, so hat die Hausfrau doch kein Erbarmen und hat der Köchin gesagt, sie wollte mich morgen in der Suppe essen, und da soll ich mir heut Abend den Kopf abschneiden lassen. Nun schrei ich aus vollem Hals, so lang ich noch kann.«

»Ei was, du Rotkopf«, sagte der Esel, »zieh lieber mit uns fort, wir gehen nach Bremen, etwas Besseres als den Tod findest du überall; du hast eine gute Stimme, und wenn wir zusammen musizieren, so muss es eine Art haben.«

Der Hahn ließ sich den Vorschlag gefallen, und sie gingen alle viere zusammen fort.

Sie konnten aber die Stadt Bremen in einem Tag nicht erreichen und kamen abends in einen Wald, wo sie übernachten wollten. Der Esel und der Hund legten sich unter einen großen Baum, die Katze und der Hahn machten sich in die Äste, der Hahn aber flog bis in die Spitze, wo es am sichersten für ihn war. Ehe er einschlief, sah er sich noch einmal nach allen vier Winden um, da deuchte ihn, er sähe in der Ferne ein Fünkchen brennen, und rief seinen Gesellen zu, es müsste nicht gar weit ein Haus sein, denn es scheine ein Licht. Sprach der Esel: »So müssen wir uns aufmachen und noch hingehen, denn hier ist die Herberge schlecht.« Der Hund meinte, ein paar Knochen und etwas Fleisch dran täten ihm auch gut. Also machten sie sich auf den Weg nach der Gegend, wo das Licht war, und sahen es bald heller schimmern, und es ward immer größer, bis sie vor ein hell erleuchtetes Räuberhaus kamen. Der Esel, als der größte, näherte sich dem Fenster und schaute hinein. »Was siehst du, Grauschimmel?«, fragte der Hahn.

»Was ich sehe?«, antwortete der Esel. »Einen gedeckten Tisch mit schönem Essen und Trinken, und Räuber sitzen daran und lassen's sich wohl sein.«

»Das wäre was für uns«, sprach der Hahn. »Ja, ja, ach, wären wir da!«, sagte der Esel. Da ratschlagten die Tiere, wie sie es anfangen müssten, um die Räuber hinauszujagen, und fanden endlich ein Mittel. Der Esel musste sich mit den Vorderfüßen auf das Fenster stellen, der Hund auf des Esels Rücken springen, die Katze auf den Hund klettern, und endlich flog der Hahn hinauf und setzte sich der Katze auf den Kopf. Wie das geschehen war, fingen sie auf ein Zeichen insgesamt an, ihre Musik zu machen: Der Esel schrie, der Hund bellte, die Katze miaute und der Hahn krähte; dann stürzten sie durch das Fenster in die Stube hinein, dass die Scheiben klirrten. Die Räuber fuhren bei dem entsetzlichen Geschrei in die Höhe, meinten nicht anders, als ein Gespenst käme herein, und flohen in größter Furcht in den Wald hinaus.

Nun setzten sich die vier Gesellen an den Tisch, nahmen mit dem vorlieb, was übrig geblieben war, und aßen, als wenn sie vier Wochen hungern sollten.

Wie die vier Spielleute fertig waren, löschten sie das Licht aus und suchten sich eine Schlafstätte, jeder nach seiner Natur und Bequemlichkeit. Der Esel legte sich auf den Mist, der Hund hinter die Türe, die Katze auf den Herd in die warme Asche, und der Hahn setzte sich auf den Hahnenbalken; und weil sie müde waren von ihrem langen Weg, schliefen sie auch bald ein.

Als Mitternacht vorbei war und die Räuber von weitem sahen, dass kein Licht mehr im Haus brannte, auch alles ruhig schien, sprach der Hauptmann: »Wir hätten uns doch nicht sollen ins Bockshorn jagen lassen«, und hieß einen hingehen und das Haus untersuchen. Der Abgeschickte fand alles still, ging in die Küche, ein Licht anzuzünden, und weil er die glühenden, feurigen Augen der Katze für lebendige Kohlen ansah, hielt er ein Schwefelhölzchen daran, dass es Feuer fangen sollte. Aber die Katze verstand keinen Spaß, sprang ihm ins Gesicht, spie und kratzte. Da erschrak er gewaltig, lief und wollte zur Hintertüre hinaus, aber der Hund, der da lag, sprang auf und biss ihn ins Bein; und als er über den Hof an dem Miste vorbei rannte, gab ihm der Esel noch einen tüchtigen Schlag mit dem Hinterfuß; der Hahn aber, der vom Lärmen aus dem Schlaf geweckt und munter geworden war, rief vom Balken herab: »Kikeriki!«

Da lief der Räuber, was er konnte, zu seinem Hauptmann zurück und sprach: »Ach, in dem Haus sitzt eine gräuliche Hexe, die hat mich angehaucht und mit ihren langen Fingern mir das Gesicht zerkratzt; und vor der Türe steht ein Mann mit einem Messer, der hat mich ins Bein gestochen; und auf dem Hof liegt ein schwarzes Ungetüm, das hat mit einer Holzkeule auf mich losgeschlagen; und oben auf dem Dache, das sitzt der Richter, der rief: ›Bringt mir den Schelm her‹. Da machte ich, dass ich fortkam.«

Von nun an getrauten sich die Räuber nicht weiter in das Haus, den vier Bremer Musikanten gefiel's aber so wohl darin, dass sie nicht wieder heraus wollten. Und der das zuletzt erzählt hat, dem ist der Mund noch warm.

Wolfram Hänel
Der alte Pat und Billy, der Ziegenbock

Neulich bin ich von Ballingeary über die South Lake Road nach Inchigeelagh gefahren. Eine schöne Straße, genau sechsunddreißig Kurven, immer am Loch Allua entlang. Vielleicht die schönste Straße von ganz West-Cork.

Eigentlich hatte ich nur auf einen kurzen Schwatz zu Michael Creedons gewollt. Aber Michael Creedons war nicht da. Also bin ich rüber ins Lake.

Da stand der alte Pat an der Theke. Und neben ihm sein Ziegenbock. Wir tranken zwei oder drei Pints zusammen, bevor der alte Pat das erste Wort gesagt hat. Und dann hat es mich noch mal zwei oder drei Pints gekostet, bis er endlich mit der ganzen Geschichte rausgerückt ist. Was ihm letztes Jahr passiert ist. Ihm und seinem Ziegenbock. Letztes Jahr, mitten im Winter, am Heiligen Abend …

Heute musste es sein. Weihnachten hin oder her. Heute oder nie. Er hatte schon viel zu lange gewartet. Verzweifelt versuchte der alte Pat, die Augen wieder zuzukneifen und einfach weiterzuschlafen. Aber vom Dorf dröhnten die Glocken herauf, und Lucky Luke, der Hahn, krähte was das Zeug hielt.

»Mist«, brummte der alte Pat und kratzte sich über die Bartstoppeln, »hilft alles nichts, was sein muss, muss sein.« Vorsichtig setzte er die Füße auf den kalten Boden. Einen nach dem anderen, erst den linken, dann den rechten. Er stöhnte und streckte sich und stolperte zum Waschbecken hinüber. Starrte eine Weile sein Gesicht im Spiegel an und schüttelte unzufrieden den Kopf. »Was sein muss, muss sein«, brummte er noch einmal und schlappte zum Herd. Nahm die schwere Pfanne vom Haken, schnitt sich ein dickes Stück Speck herunter und schlug drei Eier auf. Alles wie immer. Er machte Wasser heiß und kochte Kaffee. Dann setzte er sich auf seinen Lieblingsstuhl und starrte an die Decke. Bis die Eier verbrannt waren und der Speck schwarz war wie Holzkohle.

Aber der alte Pat hatte sowieso keinen Hunger. Und der Kaffee schmeckte bitter und rumorte in seinem Bauch, kaum dass er den ersten Schluck getrunken hatte. Der alte Pat stürzte zum Klohäuschen und kriegte gerade noch die Hosen herunter.

Eine Weile hockte er dumpf vor sich hinbrütend und zählte die toten Fliegen neben sich auf dem hölzernen Sitz. Aber mit der Zeit wurde ihm kalt. Und der Wind pfiff verdammt ungemütlich zwischen den Latten hindurch.

»Hat alles keinen Zweck«, brummte der alte Pat schließlich, »was sein muss, muss sein.« Er zog sich die Hosen wieder hoch und stapfte mit schweren Schritten zum Haus zurück, um das Messer zu holen. Den ganzen Abend hatte er es gestern geschliffen und geputzt, bis es aussah wie neu und so scharf war, dass man eine Mücke damit in zwei Hälften hätte schneiden können.

Wie blind tappte der alte Pat zum Küchenschrank. Und wollte gerade die Schublade aufziehen, da hörte er ein Geräusch. Er drehte sich um und stand Billy gegenüber. Eine Weile standen sie so da, ohne jede Bewegung, der alte Mann und der junge Ziegenbock, bis Billy den Kopf auf die Seite legte und leise meckerte. Als wollte er sagen: »Wo bleibst du denn? Mir wird langsam langweilig …« Denn sonst machten sie jeden Morgen ihre Runde über den Hof,

ließen die Hühner raus und gaben dem Esel zu fressen. Räumten ein paar Werkzeuge aus dem Weg und fuhren ein paar Schubkarren voll Ziegenscheiße auf die Weide. Der alte Pat vorneweg und Billy immer hinter ihm her.

Aber heute war nichts, wie es sein sollte. »Du hast es nicht anders gewollt«, brummte der alte Pat und packte das Messer. Er hielt es hinter seinem Rücken und ging rückwärts zum Schuppen. Und Billy immer hinter ihm her. Den Kopf zur Seite gelegt, meckerte er und machte ein paar Bocksprünge, als wäre das Ganze ein neues Spiel. Nur für ihn.

Die anderen Ziegen standen vor dem Stall und wunderten sich. Was das denn nun wohl wieder werden würde? Neugierig steckten sie die Köpfe durch die Schuppentür. Aha, jetzt legte der alte Pat das Messer aufs Fensterbrett, holte den großen Hammer und – knallte ihnen die Tür vor der Nase zu. Und nur Billy durfte im Schuppen bleiben …

»Pass auf, mein Junge«, sagte der alte Pat leise zum Ziegenbock und konnte ihm dabei nicht in die Augen sehen, »ich kann's nicht ändern, und es ist nun mal so. Wir haben schon einen Bock, und zwei sind allemal zu viel. Da gibt's nur eins, auch wenn's dir und mir nicht schmeckt …« Und Billy legte wieder den Kopf schief und meckerte. Als hätte er alles verstanden, nur nicht ganz kapiert, was das mit ihm zu tun haben sollte.

Da wickelte der alte Pat schnell einen Lappen um den Hammer und haute zu – Billy genau zwischen die Hörner. Einen Moment stand der Ziegenbock mit weit aufgerissenen Augen da, als wollte er sagen: »He, du spinnst wohl?«, dann knickten ihm die Vorderbeine weg, und er torkelte zu Boden. Lag da wie tot, und rührte sich nicht mehr.

Der alte Pat wischte sich den Schweiß von der Stirn. Sein Kopf dröhnte, und vor seinen Augen flimmerten rote, gelbe, grüne Kreise, als hätte er selber einen Schlag auf den Schädel bekommen. Stöhnend ließ er den Hammer fallen und tastete nach dem Messer. Da war der raue Putz der Fensterbank, das rissige Holz, die spinnwebenverklebte Scheibe. Aber wo war das Messer?

Der alte Pat starrte auf die Fensterbank. Hier hatte er das Messer hingelegt, gerade eben, das wusste er ganz genau. »Vielleicht runtergefallen …«, murmelte er und bückte sich. Er suchte den Fußboden ab und dann hinter der Futterkiste und unter dem Melkschemel. Aber das Messer war verschwunden.

»Verdammt«, brummte der alte Pat und kratzte sich am Kinn. Und dann unterm Hemd und am Hosenboden, schob sich die speckige Mütze aus der Stirn und kroch auf allen vieren durch den Schuppen. Er suchte sogar den Weg zum Haus noch mal ab, suchte auf dem Herd, dem Stuhl, dem Tisch und schaute für alle Fälle noch mal in die Küchenschublade … Das Messer war weg.

Mit zitternden Händen goss sich der alte Pat einen Becher Kaffee ein. Er merkte gar nicht, dass der Kaffee längst kalt war und scheußlich schmeckte, wie altes Abwaschwasser. Er stand nur da und schluckte und wusste nicht weiter. Und in der Ecke saß die Katze, und Lucky Luke, der Hahn, stand in der Tür, und hinter ihm der Esel, und hinter dem Esel die ganze Ziegenbande. Nur Billy nicht, der lag still im Schuppen. Und die Katze, der Hahn, der Esel, die Ziegen, alle blickten sie den alten Pat an, die Augen voller Vorwürfe: »Wie konntest du das tun …?«

Ein Traktor kam den Weg heraufgefahren. Der Nachbar brachte das versprochene Heu für den Winter und einen selbst gebackenen Kuchen. Weil doch Weihnachten war. Er sprang vom Sitz und merkte gleich, dass irgendetwas nicht stimmte.

»Das Messer ist weg …«, stammelte der alte Pat, und dann suchten sie gemeinsam. Auf allen vieren krochen sie im Schuppen herum und einmal im Kreis um den bewusstlosen Billy, guckten in jede Ecke und in jeden Winkel, fanden eine tote Maus und Pats bestes Taschentuch und die rostige Luftpumpe von Pats Fahrrad – nur nicht das Messer.

Inzwischen hatte es angefangen zu schneien. Die Ziegen drängten sich frierend aneinander, und Lucky Luke, der Hahn, kratzte seltsame Spuren in den frischen Schnee. Und der alte Pat und sein Nachbar standen mitten auf dem Weg und wussten nicht weiter.

Bis der Nachbar nach einer Weile sagte: »So was gibt's. Und manches zwischen Himmel und Erde, was man nicht erklären kann, noch dazu …« Er klopfte dem alten Pat auf die Schulter und schwang sich wieder auf den Traktor. Gab Gas und war weg. Und der alte Pat stand alleine und starrte Löcher in die Luft. Dachte an Feen und Elfen und Zwerge und an das kleine Volk unter der Erde. Und ein bisschen auch daran, dass heute Heiligabend war. Da zupfte ihn jemand am Hosenbein …

Billy, der Ziegenbock! Ein wenig benommen zwar noch und mit einer dicken Beule zwischen den Hörnern, aber sonst ganz der Alte. Stand da mit schief gelegtem Kopf und meckerte. Und plötzlich ließ sich der alte Pat auf die Knie fallen und drückte den Ziegenbock ganz fest an sich. Er flüsterte: »Entschuldigung« und »Es tut mir leid«, und fast hätte er angefangen zu weinen. Aber da biss ihn Billy ein ganz klein bisschen ins Ohr.

Dann gab es Eier und Speck und frischen Kaffee für den alten Pat und die getrockneten Blumen von der Kommode für Billy, und beide schmatzten zufrieden, bis der alte Pat dem Ziegenbock vorsichtig über die Beule streichelte

und sagte: »Und überhaupt: Vielleicht ist es besser so.« Er nickte und zündete umständlich eine Kerze an. Hörte den Wind an den Dachziegeln rütteln und die große Uhr an der Wand, wie sie leise die Minuten tickte. Bis er müde wurde und ihm die Augen zufielen. Da verschlief er dann die Heilige Nacht in Hemd und Hose am Küchentisch. Und Billy, der Ziegenbock, lag zufrieden vor seinen Füßen.

Am nächsten Morgen marschierten sie wieder wie früher zusammen über den Hof, ließen die Hühner raus und gaben dem Esel zu fressen. Schippten ein bisschen Scheiße und machten ihren Weihnachtsspaziergang. Runter ins Dorf und auf ein Pint ins Lake. Und dann hinten herum, am alten Moorgraben entlang, zurück nach Hause. Der alte Pat voreweg und Billy immer hinter ihm her.

Als der alte Pat später am Nachmittag den Abwasch machen wollte, da lag auf einmal das scharfe Messer wieder in der Schublade. So als hätte es immer da gelegen. Aber der alte Pat sagte kein Wort, sondern nahm nur das Küchentuch, wickelte es sorgfältig um das Messer und versteckte das Bündel ganz hinten im Schrank hinter der schmutzigen Wäsche. Dann zog er die Gummistiefel an und stapfte in den Hof hinaus.

»Komm, Billy«, sagte er, »es ist Zeit, nach den Hühnern zu sehen …« Und Billy, der Ziegenbock, legte den Kopf schief und meckerte.

Genau so und nicht anders hat der alte Pat mir seine Geschichte erzählt. Oder fast genau so jedenfalls. Und der Ziegenbock stand die ganze Zeit daneben.

Als der alte Pat merkte, dass ich trotzdem noch Zweifel hatte, hat er mich zu seinem Haus geschleppt und mir das Messer gezeigt. Er hat eine ganze Weile in seinem Schrank gewühlt, bevor er es endlich gefunden hat. Aber dann war es wirklich da, ganz hinten, hinter der schmutzigen Wäsche, eingewickelt in ein altes Küchentuch.

Da musste ich ihm glauben.

Der Mausefall

Die Krotts hatten nur eine entartete Maus,
die machte sich aus Speck nichts draus.
Die Putzfrau ging fort und spie Gift und Galle:
»Das Biest lässt den Speck stehn und frisst nur die Falle.«

Da fand Vater Krott, es sei eine Katze
in so einem Fall zur Entmausung am Platze.
Doch die Maus fing die Katze und fraß sie fast ganz –
vor dem Mauseloch fand man nur Krallen und Schwanz.

Drum hat dann Frau Krott von Sorge gequält
die Sache befreundeten Nachbarn erzählt.
Die fanden, dass so etwas merkwürdig sei,
und verständigten heimlich die Polizei.

Da wurden die Krotts polizeilich verhört,
und man hielt sie natürlich für
    geistesgestört.
So kamen sie alle ins Irrenhaus –
in der Villa Krott wohnt jetzt
    nur noch die Maus.

Erich Fried

Josef Lada
Mikesch in der Schule

Eines Morgens konnte Pepik nicht zur Schule gehen, weil er starke Kopf-schmerzen hatte. Mit einem Wolltuch um den Kopf hockte er auf dem Ofen und schaute trübselig zum Fenster hinaus. Draußen gingen die Kinder zur Schule. Ganz zuletzt zockelte der böse Tonda dahin, sein schäbiges Lesebuch unter den Arm geklemmt. Pepik war traurig, er wäre viel lieber auch zur Schule gegangen wie alle anderen. Da kam Mikesch nach Hause. Er sah Pepik auf dem Ofen hocken und wunderte sich.

»Ich hab Kopfschmerzen«, sagte Pepik, »deshalb bin ich daheim geblieben.«

»Bist wohl froh, dass du nicht zur Schule musst?«, fragte Mikesch.

»Ach woher, Mikesch! Denk bloß nicht, dass ich ein schlechter Schüler bin, wenn ich auch manchmal Unsinn treibe! Ich geh gern zur Schule, weil uns das Fräulein alles so schön erklärt. Wir haben es gut bei ihr. Und nun werde ich heute fehlen!«

Mikesch sagte kein Wort darauf. Er überlegte eine Weile, dann nahm er Pepiks Schulsachen vom Tisch und lief davon. Pepik sah gerade noch, wie er über den Steg nach dem Dorfplatz rannte.

In der Schule hatte der Unterricht längst begonnen. Die Schulkinder schrie-ben, das Fräulein notierte etwas im Klassenbuch. In der Schulstube war es still wie in einer Kirche.

Plötzlich knarrte die Haustür. Gleich darauf war zu hören, wie sich vor dem Klassenzimmer jemand die Schuhe abstreifte. Das Fräulein legte den Federhal-ter weg, blickte zur Tür und sagte: »Was für ein Bummelfritz kommt denn da wieder zu spät?«

Auch die Kinder schauten neugierig zur Tür. Wer mochte das bloß sein?

Da ging die Tür auf, und es erschien – Mikesch! Ein Weilchen guckten ihn die Kinder verdutzt an, dann brachen sie in lautes Gelächter aus.

Mikesch zog die Mütze, und nachdem sich die Kinder beruhigt hatten, grüßte er artig: »Schönen guten Diener!«

Da mussten die Kinder abermals schrecklich lachen, doch das Fräulein ermahnte sie: »Lacht ihn nicht aus, Kinder! Sicher wollte er ganz besonders höflich grüßen, und dabei hat er sich ein bisschen vertan. Aber ihr solltet euch ein Beispiel nehmen an seiner Höflichkeit! So – und nun sage uns, Mikesch, weshalb du gekommen bist!«

»Ich bin in die Schule gekommen, Fräulein Lehrerin, um unsern Pepik zu beschuldigen«, sagte Mikesch.

»Aber geh, Mikesch!«, entgegnete das Fräulein. »Warum solltest du euern Pepik denn beschuldigen? Ich denke, du bist sein Freund? Aber kommst du vielleicht, um Pepik zu *ent*schuldigen?«

»Ja, *ent*schuldigen, Fräulein! Er kann heut nicht kommen, weil er Kopfweh hat. Aber ich werd ihm alles erzählen, was ihr heut in der Schule durchnehmt!«

»Das ist sehr lieb von dir, Mikesch, nur – hier behalten kann ich dich leider nicht! Die Kinder würden heute gewiss nichts lernen. Schau nur, wie sie dich alle anstarren!«

Nun verlegten sich alle Kinder aufs Betteln. »Bitte, bitte, Fräulein, der Mikesch soll dableiben!«, riefen sie. »Dafür wollen wir ein andermal doppelt fleißig lernen. Ehrenwort!«

»Also gut, Kinder«, willigte das Fräulein schließlich ein, »ich werde euch an euer Versprechen erinnern. – Geh nun, Mikesch, und suche dir einen Platz!«

Alle Schüler und Schülerinnen an den Eckplätzen rückten geschwind zur Mitte, denn alle wollten, dass sich Mikesch neben sie setze. Aber Mikesch steuerte schnurstracks auf die fünfte Bank zu, wo Schindelmachers Mariechen saß. Bei dieser Gelegenheit zog ihn der böse Tonda ein bisschen am Schwanz. Aber Mikesch achtete nicht darauf, er ließ sich nicht aus der Ruhe bringen.

Während des ganzen Unterrichts saß unser liebes Katerchen so artig da wie der allerbravste Schuljunge. Der gute Mikesch rührte sich nicht einmal, als durch das offene Fenster ein Spatz in die Schulstube geflogen kam, sich auf dem Klassenschrank niederließ, vom Schrank auf die Tafel flatterte und dann wieder zum Fenster hinausschwirrte. Er passte lieber auf, wovon das Fräulein sprach, damit er dem Pepik zu Hause alles richtig erklären konnte. Und manchmal meldete er sich auch selber! Als das Fräulein in der Naturkunde fragte, ob die Kuh ein schädliches oder ein nützliches Tier sei, hob er den Finger und antwortete:

»Die Kuh ist ein äußerst schädliches Tier, sie ist mir mal auf den Schwanz getreten!«

»Und wer gibt dir wohl die Milch zum Frühstück?«, fragte ihn das Fräulein. »Schusters Großmutter!«, antwortete unser Mikesch.

Auch in der Rechenstunde bewies er seine Kunst. Um ihm eine Freude zu machen, rief ihn das Fräulein an die Tafel und ließ ihn anschreiben und ausrechnen, wie viel eins und eins sei. Da kritzelte er stolz an die Wandtafel:

$$1 + 1 = 11$$

In der Sprachlehre zeigte Mikesch gleich zweimal, wie klug er war. Schreiners Frantak schrieb an die Wandtafel den Satz:

Heute früh bekam ich eine schöne Birne

Das Fräulein blickte zur Tafel und fragte die Schüler: »Was hat Frantak vergessen?« Niemand meldete sich, bloß Mikesch war sofort im Bilde. Er hob das Pfötchen und sagte: »Frantak hat vergessen, sich dafür zu bedanken!«

Na, jetzt hatte Mikesch den Fehler von vorhin wiedergutgemacht. Oder? Es wollte ihm nicht in den Kopf, weshalb ihn die Kinder schon wieder auslachten.

»Er hat doch in Wirklichkeit gar nichts bekommen«, belehrte ihn Schindelmachers Mariechen. »Das hat er nur als Übungssatz an die Tafel geschrieben; und vergessen hat er, am Schluss des Satzes einen Punkt zu machen!«

Aber Mikesch war ein gutes Katerchen, er machte sich nichts daraus, und nach einer Weile meldete er sich abermals. Diesmal wollte das Fräulein wissen, wie man das Wort »Zwetschge« schreibt, ob mit hartem t oder weichem d …

»Bittschön, Fräulein, das kommt ganz auf die Zwetschgen an«, sagte Mikesch. »Wenn sie noch grün und hart sind, schreibt man sie mit hartem t; wenn sie aber reif und weich sind, dann mit weichem d!«

Nur gut, dass der Unterricht schon zu Ende war! Wer weiß, was Mikesch noch alles zum Besten gegeben hätte! Die Kinder lachten und hüpften vor Freude, aber das Fräulein streichelte ihm freundlich über den Kopf und meinte: »Nimm's nicht zu schwer, Mikesch! Man sieht, dass aus dir ein Musterschüler würde, wenn du regelmäßig zur Schule gehen könntest.«

Mikesch stürmte aus der Schule fort wie ein Wirbelwind. Atemlos kam er zu Hause an.

»Was habt ihr heut gehabt in der Schule?«, fragte Pepik.

»Ach je«, japste Mikesch, »jeder hatte was anderes! Tonda hatte einen Apfel, Ruschenka eine Dampfnudel und Wenzel aus dem Gasthof ein Wurstbrot. Er hat mich mal davon abbeißen lassen.«

»Ach geh, Mikesch, du bringst alles durcheinander! Ich möchte doch wissen, was ihr heute gelernt habt!«

»O je«, antwortete Mikesch stolz, »wir haben so viel gelernt, dass man es mit einem Schubkarren gar nicht wegbrächte!«

»Also würdest du gern zur Schule gehn, Mikesch?«

»Schrecklich gern, Pepik! Weißt du was? Ich gehe für dich zur Schule, und du fängst für mich die Mäuse! Abgemacht?«

Jutta Richter
Die Kellerkatze

Die Kellerkatze hatte Glühaugen und war groß wie ein Panter.

Sie saß ganz hinten im Keller, auf dem alten Bettgestell neben Papas Bierkasten. Und sie saß da immer.

Die Großen sagten: »Stell dich nicht so an.« Oder sie sagten: »Du mit deiner Fantasie!« Oma meinte, das käme vom vielen Lesen. »Das Kind verdirbt sich noch mal die Augen.« Und Papa lachte und meinte: »Krause Haare, krauser Sinn.«

Aber die Kellerkatze saß auf dem alten Bettgestell und funkelte mich mit ihren Glühaugen an, wenn ich zwei Flaschen Bier holen musste.

Niemand außer mir konnte sie sehen, und doch war sie da.

Und ich fürchtete mich und wollte nie mehr in den Keller gehen. Und Mama sagte, ich wäre zu faul. Bequem und faul. »Nicht mal Kartoffeln holen will das Kind. Es ist eine Katastrophe mit ihr.«

»Komm doch mit!«, bettelte ich. »Nur einmal.«

»Also gut«, sagte Mama, »obwohl, da gehe ich ja schon wieder selbst, und es ist doch deine Aufgabe …«

Aber sie kam mit. Sie ging vor mir her, öffnete die Eisentür, hinter der die steile Kellertreppe hinabführte, und knipste das Licht an. Die Glühbirne mit dem Drahtgitter drumherum leuchtete nur schwach. Es lagen zu viele tote Fliegen in der Glasschale.

Mama schob mich vorwärts.

»Also, wo sitzt deine Kellerkatze?«, fragte sie spitz. »Zeig sie mir, und wehe du hast gelogen …«

Ich kniff die Augen zusammen. Ich wollte gar nicht hingucken. Ich merkte, wie meine Hände feucht wurden, und mein Herz klopfte gegen das Summen der Umwälzpumpe an.

»Da!«, sagte ich und zeigte auf das alte Bettgestell. »Da sitzt sie immer!«

»Nichts sitzt da!«, sagte Mama. »Absolut nichts. Guck doch selbst!«

Sie machte drei Schritte nach vorn. Die Kellerkatze fauchte.

Pass auf, Mama!, wollte ich schreien, aber es kam kein Ton über meine Lippen. Ich war wie gelähmt. Stumm vor Entsetzen.

Die Kellerkatze sträubte ihr Fell. Sie sah plötzlich doppelt so groß aus. Ein Panter war ein Schoßkätzchen gegen sie. Die Kellerkatze machte einen Buckel. Ihr Schwanz peitschte drohend hin und her.

Mama stand jetzt genau vor ihr und wollte mit der Hand auf das Bettgestell klopfen. Sie hätte die Kellerkatze geschlagen, wenn es nicht plötzlich »pitsch« gemacht hätte, und dann war stockfinstere Nacht.

Ich schrie, weil ich fürchtete, die Kellerkatze hätte Mama angesprungen. Dann wäre alles zu spät. Nie im Leben hätte ich Mama helfen können. Ich war ja nur ein Kind.

»Sei still«, sagte Mama und nahm meine Hand. »Sei ganz ruhig, das war nur die Sicherung!«

Und dann führte sie mich langsam die Kellertreppe hoch, öffnete die schwere Eisentür, und es war wieder hell.

»Du bist wirklich ein kleiner Angsthase«, sagte sie und drückte mich. »Es gibt keine Kellerkatzen, und es wird nie welche geben.«

Aber das stimmte nicht. Ich wusste, was ich wusste, und ich sah, was ich sah. Und lieber war ich ein Angsthase, als mich von Kellerkatzen fressen zu lassen.

Es wäre alles für immer so geblieben, wenn Herbert nicht in unser Haus gezogen wäre.

Herbert war zwölf und viel größer und stärker als ich, und mit doofen Weibern hatte er nichts am Hut. Ich hatte Glück, dass ich noch nicht zu den doofen Weibern zählte. Die waren mindestens neun, kamen immer zu zweit und kicherten.

»Na, Meechen«, sagte Herbert, als ich mit dem Kartoffeltopf durchs Treppenhaus schlich. »Hasse Angst?«

Ich schluckte und nickte, und Herbert fragte: »Wovor?«

Und dann erzählte ich ihm, was ich von der Kellerkatze wusste.

»Hört sich schwer nach Abenteuer an«, sagte Herbert. »Hätt ich nicht gedacht, dass in diesem Haus Kellerkatzen lauern.«

»Willste sehen?«, fragte ich.

»Na klar«, sagte Herbert. Er zog den Spielzeugcolt mit den Knallplättchen aus dem Hosenbund und ging plötzlich ein bisschen breitbeinig wie ein Westernheld. Aber das war mir gar nicht peinlich. Mir war nur wichtig, dass er vorging.

Ich hatte plötzlich das Gefühl, er könnte mich vor der Kellerkatze beschützen. Und ich wusste, sie saß da und wartete auf uns.

Wir öffneten leise die schwere Eisentür und schlichen mit angehaltenem Atem die Treppenstufen hinunter. Ich blieb dicht hinter Herbert, so dicht, dass ich ihn riechen konnte.

Er roch nach Lehm und Wiese und nach Knallplättchen. Ein bisschen sauer und ein bisschen süß, und ich konnte ihm vertrauen.

»Beweg dich nicht!«, flüsterte er. »Da sitzt sie!«

Er zeigte mit dem Spielzeugcolt in Richtung Bettgestell.

»Wahnsinn! Das ist die größte Kellerkatze der Welt!«

»Kannst du sie verscheuchen?«, fragte ich.

»Und ob! Du musst mir nur helfen!« Er zeigte auf das Kellerfenster.

»Schleich dich da rüber und mach es auf«, flüsterte er. »Aber lass die Katze nicht aus den Augen!«

Mein Herz tat einen Sprung, fast hätte ich mich nicht getraut, aber dann sah ich Herbert an und wollte kein Angsthase mehr sein. Ich schlich vorsichtig auf das Fenster zu. Ich schob den Riegel nach unten. Die Kellerkatze war höchstens einen Meter von mir entfernt.

»Wenn ich losballere, musst du schreien!«, zischte Herbert mir zu. »So laut du kannst!«

Ich hörte, wie er mit einem Klick den Spielzeugcolt entsicherte.

»Jetzt!«

Und dann knallte es, und ich schrie, und es knallte und knallte.

Und die Kellerkatze jaulte auf und floh mit hoch aufgerecktem Schwanz Richtung Kellerfenster. Sie prallte gegen das Gitter, nahm einen neuen Anlauf und verschwand heulend im Hinterhof.

»Na bitte!«, sagte Herbert und grinste. »Hast du noch Angst, Meechen?«

»Wovor?«, grinste ich zurück.

»Eben«, sagte Herbert. Und ab da waren wir Freunde.

Gina Ruck-Pauquet
Die Katze

Die Katze ist aus Pelz gebaut. Vorne am Kopf hat sie eine Schnauze, mit der sie spricht und Mäuse frisst. Tatar und Steaks frisst sie auch.

Die Katze ist ein Raubtier. Ihre Zähne sind außerordentlich spitz. So braucht sie weder Messer noch Gabel.

Über der Schnauze trägt die Katze einen Schnurrbart, den sie nie rasiert. Sie benutzt ihn, um mit den Spitzen der Haare die Breite von Eingängen zu ertasten, wenn sie nicht hinschauen will.

Eine Nase hat die Katze auch. Das Auffallendste an der Katze sind jedoch ihre Augen. Sie bestehen aus Topas und Smaragd. Wen die Katze länger als drei Minuten anschaut, der ist verhext. Oben auf dem Kopf der Katze sind zwei spitze Ohren angebracht. Damit hört sie weg, wenn man sie ruft. Wenn sie jedoch will, erlauscht sie im Grillengezirp eine einzelne falsch gestimmte Fidel.

Weiter oben hört die Katze auf, um sich aber dafür nach unten heftig fortzusetzen. Da ist zunächst einmal der Körper der Katze. Er ist länglich-rundlich und verfügt im Bedarfsfall über die Fähigkeit, sich briefmarkendünn zu machen. Ein solcher Bedarfsfall liegt vor, wenn die Katze durch einen Türspalt entwischen will, aber nicht soll. Östlich und westlich unter dem Körper der Katze wachsen Beine. Es sind genau vier Stück, an deren Enden die Katze Kralletatzen trägt. Die Krallen an diesen Tatzen kann sie aus- und einfahren. Man kennt das System von Flugzeugfahrgestellen. Jedoch ist das Anwendungsgebiet der gebogenen Katzenkrallenhacken ein anderes. Die Katze gebraucht ihre Instrumente zur Aufarbeitung von Polstermöbeln.

Nach Norden setzt sich die Katze mit einem antennenartigen Körperteil fort, den man Schweif nennt. Danach hört sie endgültig auf.

Nun komme ich zum Inhalt der Katze. In der Katze drin, sozusagen in ihrer Mitte, sitzt der Schnurr. Der Schnurr ist unsichtbar. Selbst wenn man die Katze aufklappte, sähe man ihn nicht. Den Schnurr hört man. Die Katze stellt ihn nach Belieben ab und an. Obschon der Mensch dümmlicherweise den Schnurr auf sich bezieht, schnurrt die Katze nur für sich selber.

Überhaupt setzt sie ihre Talente überwiegend zum Zwecke des eigenen Wohlbehagens ein. Wenn die Katze sauber ist, sitzt sie auf Bäumen. Sind die Pfoten schmutzig geworden, so liegt sie im Bett. Wenn man die Katze sucht, ist sie weg. Die Katze ist ein geheimnisvolles Geschöpf.

Wenn sie nachts über die Straßen schreitet, verwandeln sich ihre Augen in Lampen. Entgegen der Verkehrsordnung trägt sie kein Rücklicht.

Überhaupt widersetzt sich die Katze allen nur erdenklichen Ordnungen mit gutem Erfolg. Das liegt daran, dass die Katze … Also die Katze … Die Katze ist … Was eine Katze genau ist, kann man nicht erklären.

Ein geapfelter Schimmel im Haus
ist besser als ein verschimmelter Apfel, o Graus!
Doch wenn ein Apfelschimmel einen Apfel frisst,
gibt er Acht, dass am Apfel kein Schimmel ist;
später kann man den Apfel, zwar nicht mehr so schön,
als Apfelschimmel-Apfel hinter dem Schimmel liegen sehn.

Hans Adolf Halbey

Paul Maar
Die Geschichte von der Kuh Gloria

Die Kuh Gloria war schon als Kind dicker als alle anderen Kühe. Und das steigerte sich noch, je älter sie wurde. Ihre Lippen waren fleischig, ihre Nase breit, der Kopf war riesig wie ein Kürbis, eigentlich noch größer, und dazu hatte sie sehr starke Beine, einen dicken Bauch, grobe, borstige Haare und plumpe Füße.

Weil es keine Kleider in ihrer Größe zu kaufen gab, musste sie alles selber nähen, und das tat sie ohne guten Geschmack und ohne großes Geschick. Darum sah sie auch in ihren handgeschneiderten Kleidern noch massiger aus, als sie in Wirklichkeit war. Sie hatte einen Gang wie ein Trampeltier, und wenn sie sprach, klang es, als ob man in ein leeres Regenfass brüllte.

Diese Kuh dachte nicht daran, bescheiden zu sein wie alle anderen Kühe ihres Jahrgangs und eine gute Milchkuh zu werden. Nein, sie war ehrgeizig und wollte etwas Höheres! Irgendein Spaßvogel, ich nehme an, es war der Fuchs, hatte ihr gesagt, sie habe so eine schöne Stimme, sie solle sich doch als Sängerin ausbilden lassen. Und da sie einen reichen Vater hatte, der alles bezahlte, nahm sie Musikstunden und gab dann auch ein Konzert. Alle Kühe kamen, um Gloria singen zu hören. Sie sang zuerst das Lied vom Veilchen am Wegesrand, und das war auch zugleich das letzte Lied, das sie bei ihrem Konzert sang. Denn wenn ihre Stimme beim Reden klang, als käme sie aus der Regentonne, so klang sie beim Singen, als wenn zwei Elefanten mit dem

Rüssel in eine Gießkanne trompeten, während eine Säge gleichzeitig dünnes Blech zerschneidet. Die Zuhörer hielten sich die Ohren zu, pfiffen, schrien und trampelten, um den fürchterlichen Gesang nicht hören zu müssen, oder rannten scharenweise von der Wiese, wo das Konzert stattfand.

Die Kuh Gloria hörte auf zu singen und begann zu weinen.

Alle Kühe dachten: Jetzt wird sie eine brave Milchkuh werden! Aber nein – sie nahm Tanzstunden und wollte nun ihr Glück als Tänzerin versuchen!

Als sie zum ersten Mal vor den anderen Kühen tanzte, waren noch mehr gekommen, um Gloria zu sehen, als vorher zu ihrem Konzert.

Sie kam auf die Bühne in einem Tanzröckchen, so groß, dass man daraus bequem sieben Tischtücher hätte machen können, stolperte schon beim ersten Schritt und fiel über ihre eigenen Füße. Die Zuschauerkühe lachten, aber Gloria ließ sich nicht beirren und machte einen Tanzsprung. Dabei brachen die Bühnenbretter unter ihrem Gewicht, und sie sank bis an die Arme ein. Die Zuschauer lachten wieder, aber fünf starke Ochsen stiegen auf die Bühne und halfen ihr aus dem Loch, worauf sie weitertanzte. Allerdings tanzte sie zu nahe an den Bühnenrand, verlor das Gleichgewicht und stürzte von der Bühne direkt auf die Musiker, die im Orchesterraum saßen und zu ihrem Tanz aufspielten.

Als sie sich mühsam wieder erhob, war die Bassgeige zerbrochen, die Trompete flach gedrückt, das Trommelfell zerplatzt, die Handharmonika war entzweigerissen, und den Dirigentenstock hatte der Musikdirektor vor Schreck verschluckt. Man kann sich denken, wie die Zuschauer lachten, als die Tänzerin hinter dem Vorhang verschwand. Daraufhin wanderte die Kuh Gloria, die sich sehr schämte, ins Nilpferdland aus, zu den dicken Nilpferden. Dort tanzte sie vor den plumpen Tieren und sang dazu ihre Lieder.

Und am nächsten Tag las man in der Nilpferdzeitung: »Die Künstlerin Gloria, ein zartes, zerbrechliches Persönchen, gab gestern Abend ein Konzert und tanzte dazu. Noch nie hat man hier so eine reine und helle Stimme bewundern dürfen, noch nie hat man so schönen Gesang gehört. Dazu tanzte, oder besser gesagt, schwebte die Künstlerin wie eine Elfe über die Bühne, und alle unsere Nilpferdmädchen im Saal waren hingerissen von ihrer Leichtigkeit. Hoffentlich tanzt und singt die Künstlerin Gloria noch oft bei uns im Nilpferdland!«

Munro Leaf
Ferdinand

Es war einmal in Spanien, da lebte ein kleiner Stier, der hieß Ferdinand.

Die anderen kleinen Stiere auf seiner Weide hopsten und rannten herum, rempelten sich an und übten Hörnerstoßen.

Ferdinand aber nicht. Er saß gern still da und roch an den Blumen. Er hatte einen Lieblingsplatz hinten auf der Weide, unter einer Korkeiche. Sie war sein Lieblingsbaum. In ihrem Schatten saß er den ganzen Tag und freute sich am Duft der Blumen.

Manchmal machte sich seine Mutter, die eine Kuh war, Sorgen um ihn. Sie fürchtete, er könnte sich einsam fühlen, so ganz allein. »Warum läufst du nicht mit den anderen kleinen Stieren herum und spielst Hüpfen und Hörnerstoßen?« fragte sie dann. Aber Ferdinand schüttelte nur den Kopf. »Ich finde es hier schöner, wo ich einfach dasitzen und die Blumen riechen kann.« Seine Mutter sah ein, dass er nicht einsam war. Und weil sie zwar eine Kuh, aber trotzdem eine verständnisvolle Mutter war, ließ sie ihn einfach dasitzen und glücklich sein.

Die Jahre vergingen, und Ferdinand wuchs und wuchs, bis er sehr groß und stark war. Die anderen Stiere, die auf der gleichen Weide aufgewachsen waren, kämpften jeden Tag miteinander. Sie rammten die Schädel aneinander und spießten sich gegenseitig mit den Hörnern auf. Alle wollten unbedingt für die Stierkämpfe in Madrid ausgewählt werden. Ferdinand aber nicht. Er saß immer noch am liebsten unter der Korkeiche und roch an den Blumen.

Eines Tages erschienen fünf Männer mit sehr komischen Hüten, um den größten, schnellsten und bösesten Stier für die Arena von Madrid auszusuchen. Die anderen Stiere galoppierten stampfend und schnaubend herum und sprangen und stießen sich, damit die Männer sie für sehr, sehr stark und wild halten und mitnehmen würden. Ferdinand wusste, dass sie ihn nicht nehmen würden, und es war ihm egal. Also ging er zu seiner Lieblingskorkeiche, um sich hinzusetzen. Er sah nicht genau hin, als er sich setzte, und statt im schönen schattigen Gras saß er auf einer Biene. Wenn du eine Biene wärst, und ein Stier setzte sich auf dich – was würdest du tun? Du würdest ihn stechen. Und genau das tat

die Biene mit Ferdinand. Au! Das tat weh! Ferdinand sprang auf und brüllte. Er stampfte herum, schnaubte und schnaufte, senkte den Kopf, stieß mit den Hörnern zu und scharrte wie verrückt mit den Hufen.

Die fünf Männer sahen ihn und johlten vor Freude. Hier war er, der größte und wildeste Stier von allen. Der sollte mit zum Stierkampffest nach Madrid! Also setzten sie ihn in einen Pferdekarren und brachten ihn hin.

Was für ein Tag! Fahnen wehten, Musik spielte … und die schönen Damen trugen Blumen im Haar. Der festliche Einzug in die Arena begann.

Zuerst kamen die Banderilleros mit langen, spitzen, bändergeschmückten Stäben. Damit würden sie den Stier stechen, um ihn wütend zu machen. Als Nächstes kamen die Picadores auf ihren mageren Pferden. Sie hatten lange Lanzen, mit denen sie den Stier stechen würden, um ihn noch wütender zu machen. Danach kam der Matador, der Stolzeste von allen. Er fand sich sehr schön und verneigte sich vor den Damen. Er hatte ein rotes Cape und einen Degen. Er sollte den Stier als Letzter stechen. Dann kam der Stier. Du weißt, wer das war, oder? FERDINAND. »Ferdinand der Fürchterliche« hatten sie ihn genannt, und alle Banderilleros hatten Angst vor ihm, und die Picadores hatten Angst vor ihm, und dem Matador lief der Angstschweiß von der Stirn.

Ferdinand trabte in die Arena, und die Zuschauer jubelten und klatschten, weil sie glaubten, er werde fürchterlich kämpfen, toben und schnauben, mit gesenktem Kopf losrennen und mit den Hörnern zustoßen. Das tat Ferdinand aber nicht. Als er in der Mitte der Arena angekommen war, sah er all die Blumen in den Haaren der schönen Damen, setzte sich still hin und sog ihren Duft ein.

Er kämpfte nicht und wurde nicht wild, ganz gleich, was sie mit ihm machten. Er saß nur da und genoss den Duft. Und die Banderilleros wurden wütend, die Picadores wurden noch wütender und der Matador war so wütend, dass er anfing zu heulen, weil er nicht mit seiner Capa und seinem Degen angeben konnte.

So mussten sie Ferdinand wieder nach Hause bringen.

Und soweit ich weiß, sitzt er da noch immer, unter seiner Lieblingskorkeiche, und freut sich still am Duft der Blumen.

Er ist sehr glücklich.

Das gute Schwein

Da war ein Schwein, das dachte sich:
Man braucht mich nicht, man mag mich nicht,
das muss sich schleunigst ändern.
Ich gehe auf der Stelle fort,
liebt man mich nicht an diesem Ort,
dann vielleicht in andern Ländern.

Das Schwein traf einen Ziegenbock,
der ging an einem Humpelstock.
»Warum denn? Darf man fragen?«
»Ach«, sprach der Bock, »mein Fuß tut weh,
mir fiel ein Stein auf meinen Zeh.«
»Dann will ich dich gern tragen.«

So trug das Schwein den Bock durchs Land,
die Katze rief vom Straßenrand:
»Ach helft mir, es ist wichtig!
Ich kann nicht laufen, nehmt mich mit –
geht es zu zweit, geht's auch zu dritt.«
»Das«, sprach das Schwein, »ist richtig.«

Die drei, die blieben nicht zu dritt,
die lahme Ente kam noch mit.
Nun langt's dem Schwein allmählich.
Doch alle riefen: »Jammer nicht,
wir brauchen dich, wir lieben dich!«
Da war das Schwein sehr fröhlich.

Robert Gernhardt

Verzeichnis der Autoren, Geschichten, Gedichte und Quellen

Hans Christian Andersen (1805–1875) wurde in Odense, Dänemark, geboren. Weltberühmt wurde er durch seine Märchen und Erzählungen, die bis heute in mehr als 80 Sprachen übersetzt wurden.
Die Nachtigall aus: ders., Märchen. Übersetzung von Heinrich Denhardt. Philipp Reclam jun., Stuttgart 1986

Ludvík Askenazy (1921–1986), geboren in der Tschechoslowakei, studierte Philosophie und Geschichte. Seit 1968 lebte er in Deutschland, arbeitete beim Rundfunk und schrieb zahlreiche, oft groteskabsurde Reportagen, Erzählungen, Dramen, Hörspiele und Geschichten für Kinder.
Hasen pfeifen nicht © Leoni Mann-Askenazy

Äsop war ein Fabeldichter aus dem 6. Jahrhundert v. Chr. Für seine Sammlung unterschiedlichster Fabeln konnte er auf eine uralte mündliche Tradition zurückgreifen und ergänzte den Schatz um viele von ausländischen Sklaven und Berufserzählern nach Griechenland und Kleinasien mitgebrachte Fabeln.
Der Hase und die Schildkröte; Der Löwe und die Maus aus: Äsopische Fabeln. Aus dem Englischen übertragen und mit einer Vorrede von Gotthold Ephraim Lessing. Herausgegeben von Walter Pape. Diogenes Verlag, Zürich 1999

Max Bolliger (geb. 1929) arbeitete zunächst als Dorfschullehrer, bevor er Psychologie studierte. Er ist seit 1953 freier Schriftsteller und wurde für seine Bücher mit zahlreichen Preisen ausgezeichnet, u.a. mit dem Deutschen Jugendliteraturpreis.
Kleines Glück und Wilde Welt aus: ders., Kleines Glück und wilde Welt. © Lehrmittelverlag Zürich

Wilhelm Busch (1832–1908) war Maler und Dichter. Er wurde durch seine humorvollen, oft aber auch bitterbösen Bildergeschichten wie *Max und Moritz* weltberühmt.
Fink und Frosch aus: ders., Gedichte. Franz Bassermann Verlag, München 1959

Edward Estlin Cummings (1894–1962), amerikanischer Schriftsteller und Maler, schrieb Romane und verfasste Lyrik. Bekannt wurde er 1922 durch seinen Roman *The Enormous Room*.
Der Elefant und der Schmetterling aus: ders., Fairy Tales/Märchen. Aus dem Amerikanischen von Hanne Gabriele Reck und Kristof Wachinger. © Verlag C.H. Beck OHG, vormals Langewiesche-Brandt KG. © Marion Morehouse Cummings

Michael Ende (1929–1995) veröffentlichte Theaterstücke, Lyrik, Romane und Kinderbücher. Vor allem seine Geschichten für Kinder, wie *Jim Knopf und Lukas, der Lokomotivführer* und *Die unendliche Geschichte*, brachten ihm Weltruhm ein.
Tranquilla Trampeltreu, die beharrliche Schildkröte aus: ders., Tranquilla Trampeltreu. © 1982 by Thienemann Verlag (Thienemann Verlag GmbH), Stuttgart/Wien. www.thienemann.de

Heinz Erhardt (1909–1979) wurde nach dem Zweiten Weltkrieg als Bühnen- und Filmkomiker bekannt. Er gilt als populärster Vertreter der deutschen Nonsens-Dichtung.
Der Kabeljau; Ein Brombär, froh und heiter aus: ders., Das große Heinz Erhardt Buch. © Fackelträger Verlag, Oldenburg

Theodor Fontane (1819–1898) wurde berühmt durch seine Gesellschaftsromane über die Welt des Berliner und märkischen Adels und Bürgertums. Seine Balladen sind seit über hundert Jahren populär.
Die zwei Raben aus: Buch der Lieder und Balladen. © 1980 Rombach & Co. GmbH, Freiburg

Erich Fried (1921–1988), in Wien geboren, lebte seit 1938 als Emigrant in London. Er verfasste Lyrik, Kinderreime und Erzählprosa und übersetzte Shakespeare ins Deutsche. Ab Mitte der 1960er-Jahre wurden Frieds Gedichte zunehmend politisch.
Der Mausefall aus: ders., Die bunten Getüme. © Verlag Klaus Wagenbach, Berlin 1977

Günter Bruno Fuchs (1928–1977) arbeitete zunächst als Hilfsarbeiter und Zechenarbeiter, später als Grafiker und Schriftsteller. Er schrieb Hörspiele, Kinderbücher, Romane, Essays, Gedichte und Chansons voller Sprachwitz und Augenblickseinfällen.

Entdeckung der Bärenhöhle aus: Daumesdick. Der neue Märchenschatz. Hrsg. von Hans-Joachim Gelberg. © 1990 Beltz Verlag, Weinheim und Basel, Programm Beltz & Gelberg, Weinheim

W. M. Garschin (1855–1888) war russischer Offizier, bevor er Schriftsteller wurde. Er schrieb neben einigen Gedichten über 20 Novellen und Märchen, die große dichterische Begabung verraten. 1888 beging er Selbstmord.
Der Frosch macht eine Reise aus: So lacht das Krokodil. Hrsg. von Erich Müller-Kamp. Aus dem Russischen von Erich Müller-Kamp. © 1979 Langen Müller in der F. A. Herbig Verlagsbuchhandlung GmbH, München

Robert Gernhardt (geb. 1937) ist Schriftsteller und Zeichner. 1979 war er Mitbegründer der Satire-Zeitschrift *Titanic*. Gernhardt veröffentlichte Bildergeschichten, Satiren, ironische Erzählungen und Gedichte sowie Kinderbücher.
Das gute Schwein aus: ders., Ein gutes Schwein bleibt nicht allein. Insel Verlag, Frankfurt am Main 1989. Aufgenommen in: Robert Gernhardt, Ein gutes Wort ist nie verschenkt. Gedichte und Geschichten für Kinder. Mit Bildern von Almut Gernhardt. © S. Fischer Verlag GmbH, Frankfurt am Main 2009

Johann Wolfgang Goethe (1749–1832) gilt als größter deutscher Dichter. Mit seinen umfassenden Begabungen, Interessen und Kenntnissen erlangte er in der europäischen Literatur- und Geistesgeschichte der Neuzeit einen einzigartigen Rang. Goethe schrieb Gedichte, Dramen und Romane.
Die Frösche aus: Goethes Werke. Hamburger Ausgabe in 14 Bänden, Bd. 1. Christian Wegner Verlag, Hamburg 1949

Jacob (1785–1863) und **Wilhelm Grimm** (1786–1859) waren von der romantischen Bewegung beeinflusst. Sie interessierten sich für das Volkstümliche und Heimatgebundene in der Dichtung, sammelten Sagen und Märchen, die sich die Menschen erzählten, und schrieben sie auf.
Die Bremer Stadtmusikanten aus: Kinder- und Hausmärchen, gesammelt durch die Brüder Grimm. Herausgegeben von Hermann Grimm. Große Ausgabe. Berlin, 25. Auflage 1893

Josef Guggenmos (geb. 1922) lebt im Allgäu. Er veröffentlichte Übersetzungen, Lyrik, Erzählungen

und Kinderbücher und erhielt u.a. 1993 den Deutschen Jugendliteraturpreis für sein Gesamtwerk.
Die kleine freche Maus; Oh, Verzeihung, sagte die Ameise aus: ders., Oh, Verzeihung, sagte die Ameise. ©1990 Beltz Verlag, Weinheim und Basel, Programm Beltz & Gelberg, Weinheim

Peter Hacks (geb. 1928) studierte Soziologie, Philosophie und Germanistik. Zu seinem literarischen Werk gehören Theaterstücke, Essays und Lyrik ebenso wie zahlreiche Kinderbücher. 1998 erhielt Hacks den Sonderpreis des Deutschen Jugendliteraturpreises.
Der Bär auf dem Försterball aus: Dichter erzählen Kindern. Hrsg. von Gertrud Middelhauve. © 1966 Middelhauve Verlags GmbH, München

Hans Adolf Halbey (geb. 1922) studierte Kunstgeschichte, Buchwissenschaft und Geschichte. Neben zahlreichen Büchern zur Schriftkunst und Illustration schrieb er auch Kindergeschichten und -gedichte.
Ein geapfelter Schimmel im Haus aus: Schmurgelstein so herzbetrunken. Verse und Gedichte für Nonsens-Freunde von 9 – 99. Hrsg. von Hans Adolf Halbey. Illustriert von Rotraut Susanne Berner. © Carl Hanser Verlag, München 1988

Wolfram Hänel (geb. 1956) arbeitete nach dem Studium der Germanistik und Anglistik u.a. als Dramaturg. Seit 1987 schreibt er Theaterstücke, Reiseberichte, Romane und Geschichten für Kinder und Jugendliche.
Der alte Pat und Billy, der Ziegenbock © 2002 Wolfram Hänel, Hannover

August Heinrich Hoffmann von Fallersleben (1798–1874) schrieb in der Zeit um die deutsche Revolution von 1848 freiheitlich-patriotische Gedichte, u.a. das Deutschlandlied. Er verfasste auch volkstümlich gewordene Trink-, Liebes- und Kinderlieder (z.B. *Alle Vögel sind schon da*).
Wettstreit aus: ders., Werke. Hrsg. und mit Lebensbildern versehen von Augusta Weldler-Steinberg, Deutsches Verlagshaus Bong & Co., Berlin 1912

Franz Hohler (geb. 1943) lebt als Kabarettist und Schriftsteller in Zürich. Für seine Erzählungen, Romane, Gedichte und Kinderbücher wurde er oftmals ausgezeichnet.

Der tragische Tausendfüßler © Franz Hohler, Zürich

Ted Hughes (1930–1998) wird als einer der bedeutendsten englischen Lyriker nach dem Zweiten Weltkrieg angesehen. Neben vielen Auszeichnungen wurde er 1984 zum Poet Laureate of England ernannt. Er schrieb auch Gedichte und Geschichten für Kinder.
Wie der Wal erschaffen wurde aus: ders., Wie der Wal erschaffen wurde und andere Geschichten. © Faber and Faber Ltd., London. © für die Übersetzung Karin Polz, Handewitt

Rudyard Kipling (1865–1936) wurde in Bombay geboren. Neben Gedichten schrieb der Engländer Novellen und Kurzgeschichten mit oft großartigen Naturbeschreibungen. Berühmt wurde er durch seine Dschungelbücher, und 1907 erhielt er den Nobelpreis für Literatur.
Das Elefantenkind aus: ders., Geschichten für den allerliebsten Liebling. Deutsch von Irmela Brender. © 1987 Cecilie Dressler Verlag GmbH, Hamburg

Max Kruse, geb. 1921 in Bad Kösen, leitete eine Zeit lang die Puppenfabrik seiner Mutter Käthe Kruse. 1947 schrieb er sein erstes Kinderbuch, *Der Löwe ist los;* es folgten weitere Klassiker (z.B. *Urmel auf dem Eis*) sowie Gedichte und Romane.
Herr Schneck © Max Kruse, Penzberg

Josef Lada (1887–1957) war ein tschechischer Maler, Grafiker und Buchillustrator. Von ihm stammen außerdem zahlreiche Zeichentrick- und Puppenfilme, darunter auch die 26-teilige Zeichentrickserie *Kocour Mikeš (Kater Mikesch).*
Mikesch in der Schule aus: ders., Kater Mikesch. Geschichten vom Kater, der sprechen konnte. Nacherzählt von Otfried Preußler.
© 2003 Bibliographisches Institut/Sauerländer, Mannheim

Jean de La Fontaine (1621–1695) wurde durch seine Fabeln weltberühmt. Die in 12 Büchern erschienenen Fabeln gehen u.a. auf Äsop zurück; eine moralische Belehrung findet sich bei ihm nur selten.
Der Rabe und der Fuchs aus: ders., Die Fabeln. Hrsg. von Jürgen Grimm. Aus dem Französischen von Johanna Wege. © 1991 Philipp Reclam jun., Stuttgart

Munro Leaf (1905–1976) war amerikanischer Professor und Verlagslektor. 1936 veröffentlichte er eine kleine Geschichte, die er in nur einer Stunde geschrieben hatte und die zu einem Klassiker wurde: *Ferdinand.*
Ferdinand aus: ders., Ferdinand. Aus dem Amerikanischen von Erica Ruetz. © 2006 Diogenes Verlag AG, Zürich

Leo Lionni (1910–1999) lebte in den Niederlanden, der Schweiz, Italien und den Vereinigten Staaten. Seit 1959 schrieb und illustrierte er Kinderbücher, für die er viele internationale Preise erhielt.
Frederick aus: ders., Frederick. © 1968 Middelhauve Verlags GmbH, München

Paul Maar (geb. 1937) studierte Malerei und Grafik und war als Kunsterzieher tätig. Heute lebt er als freier Autor, Illustrator und Übersetzer in Bamberg. Für seine Geschichten erhielt er viele Auszeichnungen; besonders populär wurde die Figur des wunschpunktigen *Sams.*
Die Geschichte von der Kuh Gloria © Verlag Friedrich Oetinger, Hamburg

Hans Manz (geb. 1931) lebt in Zürich. Er veröffentlichte Übersetzungen, Lyrik, Dialekttexte, Erzählungen sowie Sprach- und Kinderbücher. Für sein Werk erhielt er u.a. 1993 den Österreichischen Staatspreis für Kinderlyrik.
Ein Bär auf der Jagd © 1994 moses Verlag, Kempen

Reinhard Michl (geb. 1948) absolvierte eine Schriftsetzerlehre und studierte dann Grafikdesign in München. Er lebte einige Jahre in Irland und Schottland. Anfang der 1980er-Jahre zeichnete er seine ersten Bilderbücher; Bildergeschichten für das Fernsehen folgten. Er erhielt für seine Arbeiten u.a. den Troisdorfer Bilderbuchpreis.

Alberto Moravia (1907–1990) gehörte zu den erfolgreichsten neueren Schriftstellern Italiens. Als Vertreter des psychologischen Realismus setzte er sich immer wieder mit den verschiedensten Aspekten des zwischenmenschlichen Zusammenlebens auseinander.
Eine schöne Ameise ist einen Kaiser wert. Aus dem Italienischen von Marianne Schneider. Aus: Wie der Hund und der Mensch Freunde wurden. Italienische Kindergeschichten.
© Bimpiani Editori (RCS Libri), Mailand.
© für die Übersetzung: Verlag Klaus Wagenbach, Berlin 1999

Christian Morgenstern (1871–1914) wurde durch seine witzigen Verse, die voller Ironie und Tiefsinn sind, bekannt; er verfasste jedoch auch ernste Liebes- und Seelenlyrik.
Gruselett aus: ders., Alle Galgenlieder. Hrsg. von Margareta Morgenstern. Verlag Bruno Cassirer, Berlin 1932

Erwin Moser (geb. 1954) lebt in Wien und im Burgenland. Nach Vollendung einer Schriftsetzerlehre wurde er freischaffender Autor und Illustrator. Für seine Bilder- und Kinderbücher erhielt er viele nationale und internationale Preise.
Brief eines Mistkäfers © Erwin Moser

Jutta Richter (geb. 1955) studierte Theologie, Publizistik und Germanistik. Sie schreibt Romane, Erzählungen, Gedichte, Lieder, Theaterstücke und Hörspiele für Erwachsene und Kinder. 2001 erhielt sie den Deutschen Jugendliteraturpreis.
Die Kellerkatze aus: dies., Der Tag, als ich lernte, die Spinnen zu zähmen. © Carl Hanser Verlag, München 2000

Rainer Maria Rilke (1875–1926) gilt als der wichtigste deutschsprachige Lyriker der ersten Hälfte des 20. Jahrhunderts. Seine stimmungsvollen Gedichte und Prosatexte umfassen die gesamte Welt des Empfindens.
Der Panter aus: ders., Sämtliche Werke. Hrsg. vom Rilke-Archiv in Verbindung mit Ruth Sieber-Rilke, besorgt durch Ernst Zinn. Insel Verlag, Frankfurt am Main 1955

Joachim Ringelnatz (eigentlich: Hans Bötticher, 1883–1934) führte ein Abenteuerleben u.a. als Schiffsjunge, Bibliothekar und Flieger. Er war Hausdichter im Münchner Kabarett »Simplizissimus«. Später trat er im Kabarett »Schall und Rauch« in Berlin auf, wo er seine Gedichte in Moritaten- und Bänkelsängerton vortrug.
An einem Teiche aus: ders., Sämtliche Gedichte. ©1997 Diogenes Verlag AG, Zürich

Gina Ruck-Pauquet lebt in Bad Tölz in Oberbayern und ist als Psychologin und Autorin tätig. Ihr schriftstellerisches Werk umfasst mehr als 150 Bücher, Gedichte und Hörspiele.
Die Katze; In jedem Wald ist eine Maus, die Geige spielt © Gina Ruck-Pauquet, Bad Tölz

Gerhard Rühm (geb. 1930), österreichischer Dichter, Komponist und bildender Künstler, gilt als ein künstlerischer Grenzgänger; seine literarischen Arbeiten sind stark von seiner Musik beeinflusst.
hasen-ode aus: ders., Geschlechterdings. Chansons. Romanzen. Gedichte. © 1990 Rowohlt Verlag GmbH, Reinbek bei Hamburg

Jürg Schubiger (geb. 1936) lebt in Zürich. Er arbeitete in den unterschiedlichsten Berufen, bevor er ein Studium und eine Ausbildung als Therapeut abschloss. Seine hintersinnigen Texte für Kinder berühren philosophische Fragen und sprechen Kinder wie auch Erwachsene an.
Das Löwengebrüll aus: Wie man Berge versetzt. Hrsg. von Hans-Joachim Gelberg. © 1981 Beltz Verlag, Weinheim und Basel, Programm Beltz & Gelberg, Weinheim

Kurt Schwitters (1887–1948) gilt als der wichtigste Anreger der modernen Kunst. Der Maler und Dichter ist aus der Dada-Bewegung hervorgegangen. Die unwichtigsten Gegenstände des Alltags sollten nach seiner Auffassung ebenfalls in die Kunst einbezogen werden.
Kleines Gedicht für große Stotterer aus: ders., Das literarische Werk. Hrsg. von Friedhelm Lach. © 1974 DuMont Buchverlag, Köln

Grégoire Solotareff (geb. 1953) wuchs in Ägypten, im Libanon und in Frankreich auf. Er arbeitete zunächst als Arzt, bevor er 1985 begann, Bilder- und Kinderbücher zu schreiben und zu illustrieren. 1996 erhielt er für sein Bilderbuch *Du groß und ich klein* den Deutschen Jugendliteraturpreis.
Nachrichten für Paul Maulwurf aus: ders., Sommergeschichten. Aus dem Französischen von Werner Leonhard. © 2002 für die Übersetzung Gerstenberg Verlag, Hildesheim. Die Originalausgabe erschien unter dem Titel *Les contes d'été* mit Illustrationen des Autors bei l'école des loisirs, Paris © 2001, *l'école des loisirs*, Paris

William Steig (geb. 1907) wurde in den 1930er-Jahren durch seine Cartoons im »New Yorker« bekannt. Erst mit 60 Jahren begann er seine Karriere als Kinderbuchillustrator und schrieb eigene Texte, die sich durch feinen ironischen Humor auszeichnen.
Doktor De Soto aus: ders., Doktor De Soto. Aus dem Amerikanischen von Elmar Kreihe. © Farrar Straus Giroux, New York. © 1992 für die Übersetzung Gerstenberg Verlag, Hildesheim

Leo Tolstoi (1828–1910) ist einer der größten Romanschriftsteller der Weltliteratur. 1859 gründete er auf seinem Landsitz eine Schule für Bauernkinder. Als Lehrer versuchte er, J. J. Rousseaus Gedanken in die Praxis umzusetzen.

Die Mäuse aus: ders., Gesammelte Werke in 20 Bänden. Hrsg. von Eberhard Dieckmann und Gerhard Dudek. Bd. 8: Das neue Alphabet. Russische Lesebücher. Aus dem Russischen von Hermann Asemissen u.a. © für die Übersetzung: Aufbau Verlag GmbH & Co. KG, Berlin 1968

Alfred Wellm (1927–2001) war zu Zeiten der DDR zunächst Lehrer und veröffentlichte einige Kinderbücher, bevor er sich für die freie Schriftstellerei entschied.

Der Affe und das Krokodil. Ein Märchen aus Namibia. Neu erzählt von Alfred Wellm. © Gudrun Wellm, Lohnen

Wie der Zaunkönig für eine halbe Stunde der König der Vögel wurde aus: Wie der Zaunkönig für eine halbe Stunde der König der Vögel wurde und andere verschmitzte Geschichten aus Wales. Hrsg. von Hans Joachim Netzer. © 1981 Annette Betz Verlag, Wien/München

Ist der Spatz so krank? aus: Die schönsten Tiermärchen aus aller Welt. Ausgewählt und bearbeitet von Heinz Görz.

Der Verlag dankt allen Autoren und Verlagen für die freundliche Genehmigung zum Abdruck. Leider war es uns nicht in allen Fällen möglich, die Rechteinhaber ausfindig zu machen; alle Ansprüche bleiben gewahrt.